행 복

기쁨에 관한 소고

로베르 미스라이

김영선 옮김

東 文 選

행 복

Robert Misrahi

Le bonheur

Essai sur la joie

© HATIER, 1994

서론: 오늘날의 행복

오늘날 우리는 아주 특이한 역설에 동참하고 있다. 다양한 형태를 취할 수 있는 실제적인 행복을 프랑스와 전 세계에 있는 모든 이들이 갈망하고 있으면서도, 철학은 실제적이기를 바라면서도 슬픔이라고 하는 것을 묘사하는 데만 이따금씩 만족해하는 것이 아니라면, 언어와 지식에 관한 형식적 연구에 몰두하고 있는 것이다.

1. 고뇌의 철학

사실 제2차 세계대전 이후 오랫동안 철학은 하이데거 학설로 지배되었다. 그에게 있어, 행복의 문제는 허용받을 권리조차 없었는데, 고뇌를 실존의 중대한 소재로 설정하는 것이 바로 그의 의도였기 때문이다. 고뇌를 통해, 즉 '죽음을 위한 우리 존재'의 승천을 통해 실존자는 자신의 본질을 획득하게 되어 완전한 고독감, 버림받음, 추락에 대한 의식을 통해 마침내 '존재'에 일치하는 것이다. 이런 철학 경향을 뚜렷하게 드러낸 사르트르는 신이 존재할 수 없는 불가능성을 증명하려고 시도함으로써 행복의 **불가능함** 자체를 확립하려고 노력하였다. 즉 절대자란 투명하고 역동적인 의식과, 불투명하면서 영구적인 사물의 모순된 조합일 것이라고 했다. 도달할 수 없는 이 절대자는 동시에 피할 수 없는 욕망의 대상이기도 하다. 그래서 극복할 수 없는 결핍 상태로서의 욕망은 불만족을 선고받았다. 그런 이유로 명석한 의식은 선고받은 자유만을 감당해야 하는 것이다. 그러나 그렇게 되었을 때, 의식은 신에게서 버림받은 자신의 상태, 자신의 고독감, 또한 다른 모든 가치들에 대한 무심한 동등성을 기쁨이 아닌 고뇌 속에 묻어 버려야 할 것이다.

일반 의식의 실제적 관심과는 너무도 동떨어진 이런 비관주의는 하이데거의 철학에 뿐만 아니라 쇼펜하우어의 철학에도 관련된다. 쇼펜하우어에게 있어, 행복은 명백히 부정적인 것으로 정해졌다. 욕망은 우리 현실의 본질을 만드는 것(지성에 비해 고유한 유용성도 없이)으로 결핍, 무분별, 필요로 특징지어진다. 그는 살고자 희망하는 전 우주적 표출인 의식을, 결핍으로 인한 고통과 만족에서 오는 권태 사이에서 고민하게 한다. 즉 행복이란 본질적으로 욕망과, 욕망이 내포하고 있는 고통의 모든 부정적이고 순간적인 소멸 이외에는 다른 어떤 것도 아닐 거라는 것이다.

참으로 니체 철학은 금욕주의적이고 부정적인 허무주의에 대해 비판하려고 시도했다. 그러나 니체 철학이 제안하는 '정오'와 '상승하는 삶'은 고통과 잔인함에 밀접히 연관되어 있다.

기쁨이 언급되기는 하였으나, 니체에 따르면 그것은 언제나 가장 큰 고통과 비극에 결합될 때이다.

2. 지연된 행복

현대 철학은 불가능하거나 비극적인 행복을 이런 이유로 저버린 것 같다. 사실 현대 철학은 고전 철학의 두 흐름 중 하나를 지연시키고 있는 것이다. 즉 플라톤과 칸트에게 있어 행복은 확실히 도덕의 구축 속에서 고려되었지만, 그러나 그것은 언제나 형이상학적 **변이**의 대상이 되었다. 플라톤에게 있어, 완전함과 탁월함은 죽음에 따라 관념적 세계에서나 도달할 수 있는 것인데, 그것은 지상애(地上愛)에 깃들어 있는 불멸의 행복을 추구하려는 욕망이, 영성(靈性)과 육체를 벗어난 상태를 통해서만 최고의 선을 파악할 수 있는 왕도(王道)라고 우리에게 알려 주고 있기 때문이다. 칸트에게 있어, 행복은 무엇인가를 바라는 능력의 표현이며 그것에 대한 주관적인 목표이므로 행복은 도덕의 주제가 되지 못했다. 이 도덕은 사람들이 법에 대한 순수한 존중, 즉 감정이나 이기심 혹은 욕망에 의해서가 아닌, 행실(구체적인 모든 욕망에서 벗어난 도덕적 의도)의 양상만을 고려함으로써 의무를 다할 것을 요구한다. 이렇게 완성된 의무는 욕망과 '인격을 굴복시키고,' 그렇게 함으로써 행복을 부여하는 것이 아니라, 도덕적 주체를 '행복할 가치가 있도록' 만드는 것이다. 이때부터 행복은 **지연되게 된다.** 그래서 경험적 행위의 목표로 선고받은 행복은 형이상학적 희망의 목표가 된다. 사실 칸트는 이것을 쾌락과 덕의 조합으로 정의하였는데, 이것은 있을 수 없는 조합으로 이것을 우리 현 세계에서 단지 인간의 힘으로 실현한다는 것이 불가능하기 때문이다. 죽음 후에, 좀더 후에 신이 원한다면 이런 조합을 실행하고, 불멸의 영혼에게 쾌락과 덕 사이의 역설적 조합의 결과인 완벽함과 성스러움을 부여할 것이다. 그러나 행복을 최고의 선이라 말할 수 있는 이 '성스러움'에 도달하는 일은 언제나 너무 멀어져 미루어지게 되는데, 그것은 영혼이 점근적(漸近的) 방법으로만 가까워지기 때문이다.

그래서 사람들은 플라톤에서 칸트에 이르기까지 도달할 수 없는 것을 필연적이거나 바랄 만한 것으로 정하고 있다. 이런 철학들은 고대로부터 모든 철학적 사고를 가로지르고, 아리스토텔레스로부터 스피노자를 거쳐 에른스트 블로흐로 이르는 두 번째 흐름에 대해서는 간파하지 못하게 하고 있는 것이 사실이다. 아리스토텔레스에게 있어서, 행복은 사실 최상의 바랄 만한 것(최고의 선)으로 실질적으로 이 세상에서 실현될 수 있는 것이어야 했다. 쾌락과 마찬가지로 행복은 본질의 충만함을 표현하는 어떤 행위의 완전함이며 완성이다. 쾌락이 이미 그 자체로 선한 것이라면, 행복은 좀더 복합적인 것이어서 인간의 가장 고차원적인 특성을 표현하는 것으로, 이것은 또한 묵상이라고 말할 수 있는 것이다. 절도 있는 쾌락으로 구체적이면서, 지식과 철학으로 영적인, 또한 정략(政略)으로 인해 능동적인 행복은 인간이 최고로 완성할 수 있는 가능성인 동시에 가장 고상한 덕이다.

이런 행복주의는 에피쿠로스파에 의해 갈고 닦아져 르네상스 시대에 토머스 모어의 작품 《유토피아》에서 두드러진 반향이 발견된다. 여전히 상상적이면서 문학적인 이런 유토피아를 넘어, 고대 철학의 긍정적인 흐름에 의해 형성된 행복론의 서곡이 스피노자의 작품에서 만개(滿開)한다.

3. 행복한 지혜

그러나 스피노자의 《윤리학》은 존재론적 이상주의와 이원론에 대해 비판하고 나서야 '행복한 지혜'론을 충분히 펼쳐 놓는다. '신'은 다양한 특성하에서 고려되는 무한한 자연 이외에는 다른 아무것도 아닌, 특히 사고이며 공간이다. 바로 이런 내재(內在)적 범주 안에서 인간의 정신이 지혜와 큰 행복을 구축할 수 있다. 열정이 죄 혹은 타락을 만든다는 선입견에서 해방된 '자유로운 인간'은 열정은 단지 속박이라는 것을 알게 된다. 자기 완성의 욕망을 왜곡시키는 것들은 욕망의 열정이 아닌, 단지 무지와 상상의 열정이다. 이런 이유로 스피노자의 사상이 새롭고 근본적이다. 즉 욕망은 인간의 본질이며, 덕의 토대는 존재, 즉 실존을 유지시키려는 노력이다. 그런데 욕망은 존재를 유지시키는 힘으로서의 기쁨이나 슬픔처럼 그 자체를 소유함으로써 증가하거나 줄어든다. 이렇게 해서 '선'은 긍정적인 욕망의 활동을 통해 만들어진다. 그러므로 기쁨은 좋은 것이며 슬픔은 언제나 나쁜 것이다. 좀더 구체적으로, 적극적인 기쁨이 항상 좋은 것이지, 열정이나 상상을 통해 만들어진 수동적 기쁨을 말하는 것이 아니다. 적극적인 기쁨만이 욕망의(즉 개인의) 본질 중 가장 많은 부분을 표현할 수 있고, 이렇게 해서 독립적이 되기 때문에 자유로운 행위가 된다. 이런 자유는 이성의 역동적 작용을 통해서만 얻어질 수가 있다.

지식을 통해 해방이라는 특권을 받은 도구로서의 이 이성은 스피노자가 '지식의 장르들'이라고 부른 구분된 방식에 따라 발휘된다. 지식의 첫번째 장르는 의견(소문에 의한 지식)과 상상(이미지와 단어들을 통한 지식)으로 구성된 것으로 우리를 '속박'시키는 근원, 다시 말해 맹목적인 열정과 이해되지 않는 세상에 대해 단지 우리를 예속시키는 것이 될 수 있다. 단 지식의 다른 두 장르만이 자유, 즉 자립의 근원이 될 것이다. 지식의 두번째 장르는 원래 자기 자신의 경험과 의식에 관한 자료를 정리하는 논증의 엄격한 형식에 따라 추리와 추론, 즉 이성적 경로와, 진리와 지식의 결합으로 행해지는 논증적 이성이다. 이러한 이성은 모든 것에 공통되며 반성적(反省的)이다. 즉 모든 사람에 대해 유효하며 자기 자신으로의 회귀(문자 그대로 '반성적 방법'인 '사고의 사고'를 통해)에 기초를 둔 이성이다. 바로 이런 이성이 '이해를 위한 타당한 질서'에 따라 감정적 요소들을 파악할 수 있고 질서를 바로 잡을 수 있다. 만일 이런 형태의 지식이 편협했다면 추상적이며 간접적인 특성으로 인해 불충분한 것으로 남았을 것이다. 이런 이유로 스피노자는 논증적이며 동시에 직관적인 세번째 장르의 지식을 정의하고 있다. 이것은 절대자에 대한 불가사의하고 신비스러운 어떤 지식이 아니라, 주어진 유한한 어떤 것(양상)과 이것의 변형인 무한한 현실(속성) 사이의 관계에 대한 이성적이면서 **동시에** 직접적인(직감적인) 이해가 관련된 것이다. 세번째 장르의 지식은 독특한 존재들과 그들이 속하는 끝없는 영역 사이의 관계에 대한 직감적 이해(6/3=8/4에서와 같이 직접적인 관점)이다. 하나의 생각은 무한한 관념 속에 있는 것이고, 하나의 육체는 무한한 공간 속에 있는 것이다. 세번째 장르의 지식은 또한 '직감적 과학'이라고 불리는데, 이것은 신에 대한 지적(知的) 사랑, 즉 총체성에 대한 자각에서 생겨나는, 그리고 존재의 모든 것과 그 존재의 이성적 필요의 내부에 우리가 합치됨으로써 생겨나는 기쁨이라는 특권을 부여받는 근원이다.

　지식을 통한 이러한 해방 운동은 각 열정의 원인들과 이유들의 배경 전체를 복원시키며 완전한(합당한) 지식으로 불완전한(부적당한) 지식을 대치한다. 그래서 열정은 행위가 되는데 그것은 수동적 감정 요소가 능동적 감정 요소로 되기 때문이다.

　이제 이 해방 운동의 동력(動力)에 대해 이야기할 일이 남아 있다. 스피노자는 이성이 그 자체로는 충분히 강력하지 않다는 것을 잘 알고 있다. 에너지는 욕망으로부터 오는 것이며, 이 욕망과 관련하여 스피노자 철학의 독창성과 현대성이 있다. 스피노자에게 있어 욕망은 인간의 본질인데, 그것은 기쁨의 욕망이다. 기쁨의 욕망만이 이성(그것이 반성적이든 직감적이든 간에)이 하는 일에 동기를 부여하는데, 이성이 행위의 자율성, 즉 '능력' 또는 '존재하도록 하는 힘'이 증가하도록 하기 때문에 이성 자체는 다만 해방자 역할을 할 따름이다.

감정적 요소들에 대한 합리적 지식을 통해, 그리고 자연(존재의 전부)에 대한 합리적이고 직감적인 지식을 통해, '자유로운 인간'은 해방을 허용해 준 이 지혜의 훈련을 통해 최고의 행복에 도달하게 된다. 그래서 행복한 지혜는 자기 자신(자신에 대한 만족)과의 일치이며, 주체가 구성 요소가 되는 전체와 세상과의 일치이다. 그러므로 철학자는 기쁨의 최고 형태인 행복, 지복(至福) 그 자체를 살 수 있게 된다. 이 행복은 자유인 동시에 구원이며, 자신에 대한 자각이며 존재의 경험이다.[1]

우리로서는 스피노자 철학에 대한 빚이 상당히 많기를 바랐으므로, 그렇게 오랫동안 알려지지는 않았지만 우리 시대를 위해 아주 풍부한 이 기쁨의 철학을 밝히는 일과 강조하는 일에 우리 연구의 절반을 할애하였다.

스피노자 철학에 대한 암시가 우리의 솔직한 연구들에 나타나고 있다 해도 그것은 스피노자 철학과 동일한 것일 수는 없을 것이다. '현대성'에 더 천착한 우리는 오늘날 결정론적이거나 인류학적이 아닌, 비극적이거나 염세적이 아닌 주체철학일 수 있는 것을 말하기를 희망한다. 우리가 그 조건들과 내용들을 검토하기를 바라는 **행복한 자유**는 스피노자에게 있어서와 같이 영적이고 물질적인 사건들을 원인과 결과의 무한한 시리즈로 축소시킴으로써 시작과 창시의 행동일 수도 있는 의식적

---

1) 참조. 스피노자, 《윤리학》, R. 미스라이의 번역 · 서론 · 설명과 색인, 파리, 프랑스대학 출판사, 제2쇄, 1993. 참조. 역시 R. 미스라이, 《스피노자: 세계의 체계, 자아실현 그리고 지복(至福)》, 그랑세르 출판사, 1992.

행동의 가능성까지 부정할 수 있는 결정론적 개념에 만족하지는 않을 것이다.

4. 희망과 유토피아

어떤 한 철학자가 그의 동시대인들의 구체적인 욕망과, 성찰하는 사람의 철학적 질문들을 동시에 고려하게 된 것은 역설적이게도 이 세기의 염세적 상황 속에서이다. 그가 바로 에른스트 블로흐이다. 그는 독일의 철학자로 미국으로 추방된 다음, 다시 독일 구(舊)민주 공화 체제로 돌아온 뒤, 구서방 독일 체제로 망명하였다. 그의 계획의 독창성은 잠시 멈춰 고려해 볼 가치가 있다.

마르크스주의를 거쳐 갔으나 그의 독단주의를 능가하기를 원했던 에른스트 블로흐는 미래 설계에 대해 새로운 주의를 기울인다. 헤겔에 이어, 이미 완성된 과거나 반복되며 미리 결정된 미래를 설명한다고 믿고 있는 역사의 모든 철학들에 반하여, 에른스트 블로흐는 미래를 개인과 집단의 창의적 결과물로 이해하려고 노력했다.

이 창의적 결과물은 최고의 선으로, 가치 있는 목표들과 행복의 목표 자체와의 관계를 내포하는 개인의 의식 구조 속에 자리잡는다. "위험한 실존은 정확하게 파악되었을 때 행복한 실존에 속한 것인데, 이것은 불이 빛에 속하는 것과 같다. 불의 가장자리에서 나오는 미광(微光)을 이미 밝히고 있는 것이 바로 행복이다."[2] 행복에 대한 이러한 목표만이, 그것이 가장 어렵고 가장 위험하고 또한 가장 멀리 있다 해도 역사의 움직임을 설명할 수 있을 것이다. 역사는 추상적인 전체의 어떤 필요에서 나온 다소 변증법적 전개라기보다는 오히려 사람들이 미래 속에 설정해 놓은 최고의 선을 지향한 개인들의 활동이다. 미래는 개인들이 현실 속에서 실현해야 할 어떤 이상(理想)에 대한 '바람'과 바랐던 것이 현실적으로 도래하는 날을 본다는 '기대' 혹은 '희망'에 의해 항상 이끌려 간다는 정확한 측정에 따른 개인들의 결과물이다.

에른스트 블로흐는 창의적 역동설을 이해하는 데 모든 노력을 기울였다. 그는 한편으로 미래를 창출해 내는 데 관여하는 의식의 모든 행위를 분석하고, 다른 한편으로 인간 문명의 모든 영역에서 이 창의적 활동을 나타내거나 혹은 그것의 결과물인 모든 작품들과 활동들을 묘사하였다.

그래서 우선, 의식의 활동 자체를 대상으로 삼았다. 에른스트 블로흐는 구독일 민주 공화국의 마르크스주의자들인 다른 동료들과는 반대로, 그리고 미국으로 망명(1938년과 1947년 사이)하기 오래전에 시작한 성찰(反省)이라는 표현으로 이것을 전면에 놓았다.

그가 '희망 범주'라고 부르는 것은, 현존하는 의식의 활동이 관여하는 모든 양상과 모든 내포된 것들을 설명한다. 이것은 본질적으로 미래로 향해 있고, 그래서 당연히 이 미래 안에서

---

2) 에른스트 블로흐, 《희망의 원리》, 제3권, 갈리마르, 1991, 27쪽.

최상의 선, 극도의 만족감, 혹은 꿈의 실현을 목표로 삼고 있는 것이다.

'희망 범주'는 우선 '아직 실현되지 않음'이라는 능동적이면서 실질적인 존재로서 생각된다. 의식은 그것의 결정적 구조로 인해 언제나 '아직 실현되지 않음'에 익숙해 있고, 항상 '가능성의 전면'으로 향해 있다. '미래' **'개혁'** '전면'이 포함하는 의미들과 마찬가지로 가능성의 범주가 포함하는 다양한 층위는 미래와의 관계에 있어 구체적인 양상들을 형성하고 있어서, 미래에 대한 풍부하고 다양한 바로 이런 관계가 의식의 현재를 구성하는 것이다. 이와 같이, 진정한 행위란 미래에 대한 현재의 관계를 설명하는 일정한 수의 태도들을 의식을 통해 실행하는 것이다. '새로운 것' '우리 앞에 있는 것' '결합시킨 것'은 활동의 역동적인 계속되는 내용들이다. '진정한 현재'는 그것이 포함하는 모든 규모와 모든 창의적 경향을 내포하고 있으므로, 이런 이유로 인해 의식은 '움직임'이 된다.

좀더 근본적으로 공상적 의식, 다시 말해 현실적이면서, 현실적으로 모든 능력들에 대해 자각하는 의식의 핵심은 '뛰어넘기'이다. 여기에 체험이라는 것이 있는데, 그 의미는 대단히 중요하다. 이 체험은 의식을 그 자체로부터 그리고 의식 본래의 현재로부터 내면으로 이끌어 감으로써 그 의식을 의식의 내면으로 이끄는, 내면을 실현하기 위해 의식이 **예견하고** 또한 그 내면을 예견함으로써 의식이 실현하는 의식 자체의 가능성으로 의식을 이끄는 초월·탁월함·위반과 같은 모든 활동을 포함한다.

그래서 '희망 범주'는 더 나은 미래에 대한 믿음 속에서 갈 피를 잡지 못하는 하나의 성향이 아니다. 그것은 가능성에 대한 의식이면서 동시에 현재를 뛰어넘으려는 그리고 최후의 미래에 대한 바람으로 정의되는 의식의 역동적 구조이다. 의식의 존재와 그 의미를 만드는 의식의 실체 자체는 사실 욕망이며 '바람,' 완성을 향한 움직임, 완전함 그리고 이상(理想)이다.

에른스트 블로흐의 사고의 두번째 축은 실질적인 실현을 통해 예견하는 의식의 의미를 잘 보여주고 있다. 이때 관련되는 것은 바로 상상력이다. 이 상상력은 욕망과 결과물 사이를 연결하는 중재이며, 예견 능력인 동시에 실현 능력이며, 투시 능력인 동시에 창의 능력이다. 에른스트 블로흐의 분석과 지식에 있어서의 풍부함은 무한하다. 이 저자는 너무도 완벽해서 선(善) 또는 최상의 행복으로 여겨지는 미래에 대해 끝없는 욕망이 존재한다는 것과 그것의 유용성을 증명하게 해주는 인간의 창조와 관련된 모든 영역들을 살펴보기 위해 가장 단순한 꿈-깨어난 사람들에서, 또한 가장 기초적인 근본적 욕망들에서 출발한다. 이때 저자는 대중문학, 춤 혹은 연극 같은 '거울' 속에 반영된 '이미지-바람'을 만나게 되어, 그는 의학이나 기술, 건축이나 공상적 사회 체제와 같은 '더 나은 세계에 관한 도표'를 길게 분석한다. 이 모든 예견들은 창의적이고 풍부하여, 그 모든 것들은 사실 건설하려는 어떤 역사와, 최고의 선으로 여겨질 가치가 있는 구체적인 행복의 실현을 향한 발전에 관한 사고를 내포하고 있다. 이것은 에른스트 블로흐가 편협하게 지혜와 연관된 '바람의 상황'으로 인식한 철학적으로 거대한 체계에까지 이르고 있지는 않다. 그러나 저자의 관심은 언제나 구체적이어서 바람·희망·뛰어넘기와 같은 관점으로 '8시간의 하루, 세계 속의 평화, 자유 시간과 여가'에 대한 성찰을 이끌어 간다.

그의 거작 제3권에서 성찰이라는 용어로 가장 힘주어 시작과 희망의 의미를 표현하고 있다. 이것은 앞을 내다보는 창의적 의식의 모든 움직임 속에서 직감적이며 구체적인, 실존적이며 절대적인 행복으로서의 최고의 선이 관련된다.

그래서 행복이란 '내면과 외부와의 완벽한 균형 혹은 행복한 관계이며, **기쁨**이라는 영광스런 이름으로 더 잘 알려져' 있다. 에른스트 블로흐는 행복한 실존(**기쁨**이라는 아름다운 이름으로 지칭하는 그가 옳다)에 대해 이러한 묘사로 이끌어 가는데, 가장 위대한 창조자들에 의해 묘사되었던 것처럼 언제나 행위와 삶에 일정한 방향을 제시하는 완벽함이 관련된 몇몇 모델들을 분석함으로써 그는 그렇게 한다. 이렇게 해서 '인간이 그 자신과의 합일성의 모델들,' 디오니소스-아폴론 혹은 **활동적인 행동-활동적 명상**이라는 이중의 관점으로 의지나 묵상의 리듬에 관한 '모범들'이 존재하게 된다. 또한 파우스트와 '소원이 이루어진 순간'에 대한 내기에서 경계 뛰어넘기의 원형들, 돈키호테와 파우스트의 예에서 '추상적 경계 뛰어넘기 모범들'이 존재한다. 그러나 뛰어넘기와, 그것이 어떤 것이든 가장 강렬하게 인간적 세계는 음악 안에서 실현된다.

오히려 음악 안에서 실현되기 **시작한다고** 말해야 할 것이다. 사실 에른스트 블로흐에게 있어 음악은 우선 '결핍된 것을 향해 분출된 부르짖음'으로 태어난 것으로 '경계의 다른 편'에 놓여

진 것이다. 이렇게 해서 음악은 '그 시대, 세계, 심지어 죽음에 의해 야기된 고통의 곡조에까지 생생한 희망이라는 재료'로 구성되어 있다. 바로 이런 이유로 낭만적인 음악뿐 아니라, 요한 제바스티안 바흐나 조스캥 데 프레에게서 알 수 있는 것처럼 모든 음악은 언제나 표현이 풍부하다. 양식-표현이라는 감정적 대립은 엉뚱한 것인데, 그 이유는 언제나 양식이라는 것은 '발화(發話)를 능가하는 말투에 이르는 수단일 뿐이며, 어쨌든 언제나 **어떤 부름에 대한 표명**'이기 때문이다. 이와 같이 표현되는 것은 '**인간다운 것**,' 즉 인간의 희망에 대한 완전함이다.

이렇게 해서 음악은 단지 가장 강렬하게 인간적인 표현을 **시작하게** 하는 것으로 남아 있다. 에른스트 블로흐에 따르면, 완전함에 대한 이런 욕망을 충분히 표현하는 것은 바로 인류의 종교 창조이다. 그러나 그는 무신론 특히 물질주의자이며, 까다로운 루크레티우스와 포이어바흐의 무신론에 속해 있는데, 이들은 최선을 바라는 움직임과 욕구를 보존함으로써 인류에게서 초월성을 면제해 준다: "본질적으로 무신론이 파괴하는 것은 **하늘의 가장 큰 최선**이지, **가장 큰 최선** 자체에 대해 바라는 내용은 아니다." 이처럼 위를 향한 비약은 마침내 앞을 향한 비약인 것이며, 이 세상의 일들은 저 세상의 일들보다 결국 덜 '쓸모없는' 것으로 밝혀졌다. 에른스트 블로흐는 '앞을 향한 꿈'의 현실과 유효성에 있어 우리를 매우 민감하게 만들어 놓았고, 그는 명민함과 열정, 실제 가능성의 세계로의 개방과 욕망과 꿈의 창의적 역동성을 동시에 촉진시킬 줄 아는 사람이었다.

에른스트 블로흐는 우리를 극단의 욕망으로 초대하여 이 욕망만이 현실 창조자라는 것을 우리에게 보여줄 줄 아는 사람이다. 또한 이 욕망 안에서, 스스로 창조적인 인간의 현실 안에서 뚜렷해지는 것은 자기 자신과의 조화인 완벽한 완전함이다. 에른스트 블로흐가 인용한 체스터턴은 다음과 같이 쓰고 있다: "정신에서 끊임없이 자기 스스로에 대한 완벽함을 희구(希求)하는 이미지를 갖고 있지 않은 사람은 코가 없는 사람만큼이나 괴상하다." 여기서 '희구하는' 이미지는 자기 자신에 대한 이상적인 이미지로, 이것은 다른 여러 가지 것들 중 만들어 가야 할 스스로에 대한 완벽함의 화신(化身)으로 선호되고, 바라던, 원하던 이미지를 가리킨다. 에른스트 블로흐가 다음과 같은 글을 쓰면서 활력을 주는 이런 생각을 계속 이어간다: "바람은 활력을 주어 현실을 창조해 간다. (…) 자신과 일치하려는 욕구는 영혼을 끌어당기고, 이 욕구는 생각을 통해 다시 새로워진 현실인 완전한 결정체에 제공된 해결책이며, 이 욕구는 자석의 힘으로 우리의 미래로 향하는, 우리에게 향한 시선을 끊임없이 이끌어 가는 세계의 미래로 향하는 정신이다."[3]

이처럼 현실의 기원은 시작에 있는 것이 아니라 끝에 있는 것이며, "그것은 사회와 존재가 근본적이 될 때만이 시작하기 시작할 것이다." (…) 인간은 현실의 민주주의 체제 안에서 자신의 것을 구축하게 되자마자, "어린 시절에 우리 모두에게 나타나는 어떤 것이 세상에 생겨나게 될 것이며, 그곳은 어느 누구도

---

3) E. 블로흐, 《유토피아 정신》(1918), 《희망의 원리》(제3권, 554쪽)에서 그 자신이 인용함.

결코 있어 본 적이 없는 고향이다."[4]

5. 바랄 만한 최상의 것은 무엇인가?

에른스트 블로흐의 사상이 기여한 바와 그 힘은 막대한 것이다. 결정론적이고 관념을 물체화(物體化)하는 독단주의에 반대하여, 그는 역사적 행위와 바람과 욕망 그리고 희망과 같이 보통 그 근원이 개인에게 있는 행위를 잘 결부시키고 있다. 행위는 더 나은 세계에 대한 상상으로부터, 결과적으로 미래로부터 만들어진다. 그래서 미래는 우리들의 결과물이며, 전망 없이 미래 안에서 스스로 반복되게만 하는 과거가 빚어낸 필연적이고 기계적인 결과물과는 거리가 멀다. 이렇게 해서 에른스트 블로흐는 유토피아와 공상적 사상을 재개발하였는데, 역사는 학설이나 고정된 관념론이 아닌, 개인들이 꿈꾸고 실행시킨 유토피아에 의해 창조되는 것임을 보여주었다. 에른스트 블로흐의 음성은 희망을 가지라는 아름다운 격려이고, 희망의 범주들에 대한 뛰어난 분석이다.

에른스트 블로흐의 저서에서, 유토피아는 답변 없이 일정한 수의 질문들을 남겨 놓는데 이것은 그의 주장의 몇 가지 논점에 있어 애매한 점 때문인 것 같다. 이 저자가 우리에게 완벽한 '바

---

4) E. 블로흐, 《희망의 원리》(같은 책, 제3권, 560쪽). 책의 마지막 문장이 관련된다.

람'이나 '모범들'에 대해 이야기할 때, 그는 당연히 행위의 동력(動力)을 강조한 것이지 이상을 실현할 가능성에 대해 말하고 있는 것이 아니다. 이상이라는 것은 움직임의 근원과 같이 효과적인 것이지만, 이상의 실제 화신(化身)의 기원 정도로 효과적인 것인가? 에른스트 블로흐는 너무도 자주 객관의 세계를 가능성의 한계로 언급하곤 했었다. 그렇다면 욕망이나 희망 그 자체가 이 '객관적 가능성'을 정확히 정의내릴 수는 없다는 것인가?

사실 사람들은 '가능성'이 객관적 세계에 미리 새겨져 있다고 생각하지는 않을 것이다. 예를 들어 미래의 철로의 흔적은 산이나 강에 새겨진 것이 아니라, 인간 정신을 통해 갖가지 부품들로 고안되고 건설된 고가교(高架橋)나 다리 또는 터널과 함께 기차에서 **만들어지는** 것이다. **행위가 있은 후**에 정신은 가능성이라고 불리는 '미래'를 과거 속으로 거슬러 올라가 능동적으로 투사해 본다. 그러므로 바로 욕망과 희망 그 자체가 가능한 것(마천루나 산 속에 고속도로와 같은 것들)을 고안해 내는 것이고, 이렇게 함으로써 현실을 개편하는 것이다. 역사의 질서와 정치적 발명에 있어서도 마찬가지이다: 다만 편협한 현실주의만이 역사는 가능성과 그것의 '한계들'에 의해 미리 결정되었다고 생각할 수 있을 것이다. 그것은 도전을 시도해 본 후에만이 가능한 것이 무엇인지를 알 수 있기 때문이다: **행위 이후**에 한계와 뛰어넘기가 명확해지는 것이다.

바로 이런 이유로 '객관적 가능성'에 대한 신중한 언급을 통해 에른스트 블로흐는 착상에 있어 핵심을 이루는 부분과 모순되는 위험이 있는 것이다. 상황의 '객관적' 이론을 다시 자신의 것으로 만든 것 같은데 이 이론을 욕망보다 강한 결정론과, 상상력보다 앞서 있던 한계에 종속시켰던 것이다.

그가 행복과 기쁨이라는 용어의 '영광스런' 명칭을 언급했을 때, 저자는 완벽한 욕망이라는 분명한 암시에 만족한 것 같으나 내용의 분석에는 전혀 몰두하지 않은 듯하다. 그는 동력(動力)과 에너지를 강조했는데, 욕망의 진정한 상관 요소일 수 있는 내용들, 즉 꿈·바람·희망이 목표로 하는 '더 나은 세계'의 본질을 그가 설명하고 있는지는 명확하지 않다. 공상적 욕망은 잘 강조되었지만 이 욕망의 대상은 아주 애매하다. 숭고함에 대해 숙고할 때, 이 용어를 통해 그가 이해하고 있는 것이 무엇인지 밝히지 않으면서 에른스트 블로흐는 "결코 그 어느곳에서도 발생하지 않았던 것, 즉 간단히 말해서 희망에 마땅히 필요한 공상적 만족을 줄 수 있는 완벽함을 언급하는 것으로 만족해하고 있다. 오래전부터 숭고함은 이상(理想)의 절정에 있는 것이다." 이런 언급은 형식적인 것인데, 그 이유는 이런 언급을 통해 '완벽함' '희망' (공간이나 시간의 순서에서) '먼 곳'의 개념들만을 접하게 되기 때문이다. 종교나 정치 또는 아름다움이 관련되든 아니든 간에 에른스트 블로흐는 움직임과 희망을, 부르짖음과 먼 곳을 단지 강조할 따름이지, 명확하고 분명한 실험될 수 있으면서 동시에 사고될 수 있고 전달될 수 있는 그런 내용은 결코 제안하지 못한다. 그런데 숭고함이라는 완벽함의 모범은 사람이 하는 경험의 어떤 **체험**의 일면에 해당할 수도 있을 것이다. 에른스트 블로흐는 그것에 대해 어떤 암시도 하지 않는다. 마찬가지로, 행복과 자유를 동시에 내포할 수도 있는 최후 목표에 관한 내용과 의미들도 그는 서술하지 않는다. 그의 저서 마지막에 그는 다음과 같이 쓰고 있다: "계급 없는 틀을 향해 움직이고 있고 발전하고 있는 어떤 사회 환경에서 목표가 아무리 분명히 드러나고 명확한 것이라 하더라도, 만일 주체가 그 자신의 내면을 겨냥하는 것이 아니라면 목표는 달성되지 못할 것이다." 먼저 이런 사회를 실현하기 위해 추구해야 할 계급 없는 사회의 내면이란 무엇인가? 에른스트 블로흐는 그것을 말하고 있지 않으며, 이런 질문이 있다는 것조차 예측하고 있지 못하다. 그는 '믿을 수 없는 놀라운 것에 대한 인간의 소명(召命)'을 말하고 있지만 그것의 내용에 대해서는 전혀 언급하고 있지 않다. 에른스트 블로흐에게 있어 진정한 믿음은 "싹트기 시작한 것에 대해 안다는 믿음, 세상에 아직 나타나지 않은 것에 대한 믿음이다. 또한 최고의 선(善)이 여전히 미결인 채로 있기 때문에, 그것이 무엇인지 알 수 있도록 우리는 그 최고의 선에 믿음을 갖고 있어야 하며, 그래야만 한다." 이 '최고의 선'의 본질과 내용은 과연 무엇인가?

내용에 대한 질문에 답이 없는 것은 이상을 실현하도록 이끌 수단들이 애매한 것과 겹쳐 있다. 에른스트 블로흐에게 있어, 더 나은 세계에 대한 욕망과 희망이 있는 곳은 바로 고통과 절망의 한가운데이다. 이 말은, 즉 이상이란 그 이상이 싹텄던 경험 세계의 연장(延長)과 같은 미래 속에 불완전한 일상의 현실과 **같은 궤도에** 있다는 말이다. 이런 일치성에 대해 에른스트 블로흐는 놀라지 않는다. 계급 없는 사회가 있게 될 곳은 바로 비참함 너머이며, 이런 사회 너머에 그러나 같은 궤도 위에 '믿을 수 없는 놀라운 것'과 최고의 선이 있게 될 것이다. 실제 세계와 이상적 세계의 이런 일치성에서 예측할 수 있는 수단으로는 어떤 것들이 있는가? 에른스트 블로흐는 마르크스주의자들에 대해 신중히 언급하는 것 말고는 그것에 대해 전혀 말하고 있지 않다. 모든 것은 마치 그가 우리에게 희망을 문 열어 주기를 단지 바랐다는 것처럼 진행되고 있지만, 우리의 바람이 무엇인가 하는 내용들에 대해서는 불분명하고 그 희망을 실현하는 수단에 대해서도 침묵하고 있다. 그렇다고 희망에 대한 권유가 우리를 설득해서 그것의 타당성을 인정할 만큼 충분할 수 있을까?

에른스트 블로흐의 공로, 그의 독창성 그리고 그의 용기는 여전히 전폭적이다. 아리스토텔레스와 스피노자가 우리로 하여금 답을 찾아내도록 도와준 질문들에 대답해야 하는 일은, 사실 다음 세대인 우리들의 몫이 될 것이다. 또한 오늘날 바랄만한 최상의 것과 '더 나은' 세계가 어떤 것인가라는 질문에 마침내 답을 할 수 있는 것이 가능할 미래가 올 수 있도록 하기 위해서는 마르크스주의의 독단주의와 공산주의 사회가 무너지는 것을 아마도 기다려야만 했을 것이다.

I

윤리가 존재하는 의의(意義)

1. 더 바람직한 것의 선택으로서의 윤리

행위에 관한 모든 이론에 앞서 행위 그 자체가 놓여 있다. 모든 도덕과 윤리철학에 앞서 구체적인 삶, 즉 자신의 행위에 대해 자문하는 살아 있는 개인들의 실존 자체가 놓여 있다. '좋은'이라고 일컬어질 만한 행위와 '나쁜'이라고 불릴 만한 행위에 대한 전통적 질문으로서, 다른 말로 '선'과 '악'을 규정하기 위한 도덕적 노력으로서의 도덕이란 단지 더 방대한 질문의 특별한 한 경우일 따름이다. 이런 질문은 삶을 살며 행동한다는 단순한 사실과, 행동하기 위해서는 목표를 내다보고 우리의 것이 될 수 있는 미래로 우리를 이끌어 갈 목표를 선택해야 한다는 단순한 사실에 더 밀접히 연관돼 있다: 바로 이런 이유로 그 질문은 우리의 삶에 부여하기를 바라는 의미와 내용들에 관한 질문인 것이다. 우리의 존재에 부여해야 할 의미에 관한 좀 더 독창적이고 더 구체적이며 더 방대한 질문——방향과 의의——은 정확히 말해서 **윤리**이다.

이때부터 이제 왜 행위와 실존(實存)에 관한 윤리적 의문을 심사숙고해 보아야 하는지 알아보도록 질문이 제기된다. 우선 분석해 볼 때, 바로 행위의 자유 자체가 이런 행위의 목표에 대한 의문을 갖게 한다. 우리가 추구하는 목표들은 우연한 것이고, 그런 목표들은 다른 목표들로 대치될 수 있기 때문에, 가능한 목표들 중 어떤 것도 논리적으로 필연적인 방법과 물리적으로 강제적 방법으로 우리에게 제기된 것이 아니기 때문에 우리는 행동하면서 언제나 여러 가능성들 중 하나를, 양자택일의 두 가지 사이에서 하나를 선택해야 하는 상황 앞에 놓여 있다. 게다가 다른 모든 가능성들을 배제하게 되는 이런 가능한 선택과 **우선시되는 선택**은 우리가 보기에 언제나 하나의 의의, 또는 중요성이다. 그러므로 가치(價値)에 대해 생각해 볼 필요도 없이, 존재하고 행동한다는 단순한 사실은 우리 행위를 지도하고 부추기며 선동할 수 있는 원칙들(우선 그것이 무엇이든간에)을 우리가 규정한다는 것을 포함하고 있다는 사실을 알 수 있다. 이런 원칙들에 대해 명확히 한정하는 일이 윤리철학이다.

윤리에 관한 질문이 제기되는 두번째 이유가 있다: 경험하는 삶으로 지칭될 수 있는 직접적인 삶은 실제로 전개되고 있는 실존보다 훨씬 더 의미 있는 실존의 욕망과 항상 동시에 존재한다.

이렇게 목표가 정해진 실존은 더 많은 수의 사회적 관계들과 목표를 향해 방향이 정해진 더 폭넓은 행위에서 나오는 더 많은 만족감을 동반하게 될 것이다; 이같은 의미의 가중(加重)은 존재 이유와 함께 기쁨 · 환희 · 감사, 바라고 행동하고 이해하며 창조하는, 단적으로 말해 살아가는 쾌락 같은 체험된 내용의 실존을 증명할 수 있는 행위와 목표의 질적인 측면에서 발생하는 것이어야 할 것이다.

윤리에서 야기되는 이 두번째 동기는 분명 첫번째 동기를 내포하며 감싸고 있다: 더 의미 있는 실존을 바란다는 것은 우리 행위가 자유로운 것이며, 우리 삶을 우리가 선택할 수 있다는 것을 함축하는 것이다. 그러나 함축이란 상호적이다: 우리의 행위, 원칙을 자유롭게 선택한다는 것은 우리가 그것을 할 욕망, 즉 우리가 존재하는 현재의 내용들에 따라서라기보다는 좀 더 풍부하고 좀더 의미 있는 방법으로 자유롭게 살아가며 존재한다는 욕망을 갖고 있음을 상정한다.

그런데 이것은 보편적이고 구체적인 방법으로 우리가 일상에서 관찰하는 것이다. 일상에서의 직접적인 의식은 항상 '더 나은 미래,' 더 나은 세계, 더 나은 삶을 추구한다. 이런 실존적 움직임은 윤리적 성찰보다 **앞서는** 것이지만, 이 윤리적 성찰은 완전한 자유와 완전한 만족으로 이끌어 갈 방법과 수단에 관한 질문에 답해야 하는 경험적 의식이 존재하는 절박한 상황으로 인해 명확히 한정되어야 한다.

그래서 우리는 하나의 보편적 질문 앞에 놓이게 된다. 그런데 이런 보편적 질문의 구체적 의미가 우리와 밀접히 관련되어 있는데, 이것은 모든 각각의 개인과 각각의 의식 있는 존재들도 마찬가지이다. 더 나은 삶이라는 생각을 통해 구체적으로 추구되는 것은 본질적인 삶이 계속해서 겪는 경험이다. 그것은 행복과 관련돼 있다. 모든 의식 있는 존재, 즉 모든 주체는 자유롭고 의식 있는 개인으로서 자신의 실존 안에서 적당한 만족을 주며 '행복'이라고 일컬어질 수 있는 그런 의미를 부여하는 삶의 방식을 추구한다. 이런 행복의 내용을 아직 규정하지 않은 상태에서, 이 행복이 어떤 종류의 실체성을 경험함이라는 것을 함축하고 있다는 것을 쉽게 알아차릴 수 있다. 사실 기본적인 도식적 접근을 통해 자기들 눈에 행복하다고 불릴 만한 삶은 만족감과 의미, 즉 존재와 일치하여 자신에게 있어서의 존재의 밀도(密度), 또한 실제로 바라던 것이 실현된 의미와의 일관성을 연결시키는 질적(質的) 경험을 함축하고 있다고 말할 수 있다. 이런 경험은 영적이고 실존적인 어떤 기쁨의 밀도와, 자기 삶과 자신의 고유한 선택에 밀착하여 깊이 생각하는 한 의식의 투명성을 동시에 내포한다. 그렇지만 **완전함**과 **의미**에 대한 경험으로서 이런 질적인 경험이 일시적인 것이라면 전적인 '실체성,' 실존적이며 역동적인 모든 밀도를 잃게 될 것이다. '행복'이란 이름에 걸맞으려면 일정한 기간(期間)과 그 행복을 구성하는 경험의 영속성을 내포해야 한다.

만족에 있어서 완전함, 선택된 실존의 자유, 선택들의 심사숙고된 질적 의미, 밀도와 실존적 실체성의 영속성: 이 모든 풍부한 결정 요소들이 그렇게 중요한 경험을 함께 구성함으로써 '행복'이라는 용어의 일상적 의미들은 불충한 것이 되어 그것을 규정하지 못하게 된다. 우리는 또한 **존재의 경험**에 대해 말할 수도 있겠는데, 이런 경험을 종종 **기쁨**이라는 용어로 지칭하기도 한다.

이런 '존재의 경험'은 지성의 심연 속에서나 영혼의 황홀 속

에서 깨닫는 초월적 존재에 대한 신비로운 경험이 아니다; 이
것은 신(Être)에 대한 경험이 아니라 **존재(être)**의 경험이다. 그
자체로서 이런 경험은 자기 자신에 대해 깊이 성찰한 질적 의
식이며, 본질적이며 능동적인 인격으로서 개인이 깨닫는 체험
된 의식인 것이다.

이런 경험 속에서 주체는 여러 개성들(예를 들어 직업적 삶과
창조 행위, 궁극적 활동과 미적 활동, 사무적 관계와 진정으로 개
인적인 관계로 대립되는)로 나누어지거나 흩어지지 않는다. 반
대로 주체는 통합되며, 동시에 주체는 이런 다양한 활동들을
중요한 실존적 목적에 따라 통합시킨다. 그러면 통합된 인격은
자기 자신에 대해 긍정적으로 밀착된 것처럼 파악되며, 이런 밀
착은 만족감이나 실존적 행복감으로 체험되어 자기 자신의 정
체에 대해 일종의 영구적 행복으로 여겨진다. 자신에 대한 바로
이런 지속적인 직감이 '본질'이라는 아주 강한 용어(빅토르 세
갈렌이 여행중에 말한 '본질적 기쁨'으로)로 은유화될 수 있다.
이것은 의식이 '물질'이 된다는 것을 의미하는 것은 아니지만,
그렇다고 의식의 시간상에서의 움직임이 지나가는 순간들로 인
해 주체가 끊임없이 파멸된다는 것과 같은 말이라거나, 시간의
부정(否定)과 같은 전적으로 불안정함을 말하는 것은 더더욱 아
니다.[1] 그와는 반대로 주체는 더 이상 결핍이 아닌 완전함으로
파악되며, 자기 자신 밖의 고통이나 권태 속에서,[2] 일관성이 없

---

1) 자신이지 않은 것과 자신이 아닌 것인 '자신을 위하여'의 사르트르
이론(《존재와 무》에서, 서론). 사르트르에게 있어 의식은 순전히 무화(無化)
일 따름이다.

거나 덧없는 상태로 투사되지 않는다. 반대로 그는 어떤 존재가 그 자신을 활동하는 존재로 만드는 경험처럼 역동적이며 통합된 자기 자신의 정체와 존재의 영속성 속에 있게 된다. 주체로서 그리고 삶으로서 존재하고 실존한다는 의식 있는 실존적 쾌락, 이것을 우리는 **기쁨**이라고 부른다.

그 이유는 행복 혹은 존재에 접근한다는 느낌이 자유롭고 의미 있는 삶으로서의 지적(知的)인 의미로 축소될 수는 없을 것이기 때문이다. 자기 자신에 대한 직감적 경험, 즉 의식을 통해 자기 자신에게 밀착하고 또 존재에 대해 만족하게 하는 직접적이고 즉각적이며 욕구를 충족시키는 경험——이런 총체적인 것이 **기쁨**이라는 용어로 지칭된다——또한 심사숙고된 이런 의미에 포함되어야 할 것이다.

이처럼 윤리는 보다 앞서 존재하는, 그래서 바랄 만한 최선에 대한 바람인 욕망을 정당화한다. 기쁨이란 철학 전통이 최선이라고 지칭했고 '절대적인 더 바람직한 것' 이라고 불릴 바랄 만한 최선[3]을 가리킨다. 이것은 모든 다른 존재에게도 더 바람직한 것으로 만족한 존재, 또한 존재로서 본질적이며 쾌락으로서 만족스러운, 움직임으로서 능동적인 이 기쁨을 단지 줄 수 있는 존재가 될 것이라는 예감을 갖고 각각의 개인이 추구해 가는 가장 고상하고 가장 멀리 있는 용어이다.

---

2) 쇼펜하우어에게 있어(《의지와 표상으로서의 세계》에서), 생존 의지 학설에서처럼.

3) 스피노자는 이 최고의 선을 기쁨의 완전한 형태인 지복(至福)으로 그리고 '천복(天福)' 으로 지칭한다.(《윤리학》, V, 33)

이렇게 해서 윤리는 모든 존재론적 의미를 재발견하게 된다: 그것은 자기 자신에 대한 본질적인 경험으로 혹은 기쁨과 탁월함으로서 자기 삶의 경험으로 인도할 수 있는 방법에 대한 철학적 질문이다. 그것은 더 바랄 만한 것의 방법을 찾는다. 그것은 철학이 행복 추구에 연관돼 있는 것처럼 기쁨을 찾는 것과 관련되어 있다. 오늘날 윤리는 우리에게 명백히 밝혀지고 있다: 좀 더 구체적으로, 그것은 사람들이 하나의 성(城)을 건축하는 것과 같이 탁월함과 빛 그리고 사랑의 전망 안에서 인생을 설계하게 하는 수단과 방법들에 대한 사색적 탐구이다. 윤리는 '진정한 삶'을 만들어 가게 할 모든 재료를 찾아가는 진지한 탐구인 것이다.

왜냐하면 만들어 가야 할, 때로는 다시 만들어 가야 할 이유가 있기 때문이다.

행복은 일상의 생활 너머를 겨냥한 목표이기 때문에, 그것은 어떤 존재의 총체적이고 긍정적인 의미이기 때문에, 그것은 일상 생활을 과거로 거슬러 올라가 밝혀 주어 그 일상 생활을 종종 불행이나 의미가 없는 것으로 드러낸다. 기쁨은 행복에 그 기초와 내용, 생명을 주는 현실적인 강렬한 체험이기 때문에, 기쁨은 과거로 거슬러 올라가면 종종 실제 삶을 목표도 의미도 없는 하찮은 것, 즉 권태나 부조리한 것으로 드러낸다. 가치도 전망도 없는 어떤 삶의 부조리에 대해서는 카뮈와 사르트르가 묘사했다; 마찬가지로 고통과 권태 사이에서 동요된 존재에 대해서는 쇼펜하우어가 묘사했다. 비록 이런 철학자들의 염세주의적 입장에 반박할 수 있다 해도, 그들이 정확히 묘사한 능력은 인정해야 한다. 좀더 일반적으로 볼 때, 경험을 통해 직접적으로 주어진 일상의 삶(즉 경험의 세계)은 상호 협조보다는 권력 투쟁으로, 흥미진진한 전망보다는 미래의 부재(不在)로, 진정한 사랑보다는 더 많은 고독으로 점철되어 있다는 것을 또한 우리는 확인할 수 있다.

덧없음과 하찮음은 또한 고통, 이별이나 질병의 고통을 야기할 수 있으며, 지속되는 고통은 장기적으로 볼 때 불행을 초래할 수 있다. 그러나 불행이란 행복을 기준으로, 즉 행복한 존재가 그럴 것이라는 삶의 전체를 기준으로 할 때만 느껴진다. 마찬가지로 고통, '우울함,' 슬픔은 기쁨에 대한 강렬하고 열정적인 경험을 기준으로 할 때만 분노나 불공정한 고통스러움으로 느껴진다. 이것은 쇼펜하우어의 염세주의나 니체의 비극철학이 믿고 있는 것처럼 고통과 불행이 인간 조건에 결부된 운명이 아니라, 첫 움직임들이 폭력과 무분별에 내맡긴 삶을 특징짓는 우연한 여건이기 때문이다.

기쁨이라는 강렬한 경험에 비춰 보면 이 일상적이고 처참한 삶이 재건될 수 있다는 것을 이해하게 되며, 그래서 실제로 그 삶을 다시 만들려고 바랄 수 있게 된다: 윤리는 이런 본질적 기쁨이라는 전망에서 그리고 바랄 만한 것으로 불렸던 것이 실재하고 있는 방식으로 삶을 재건하는 그런 철학적 의도이다.

자기 자신에 대한 이런 경험은 **기쁨**(이것의 분명한 내용은 좀더 후에 말하게 될 것이다)이며, 이것으로 인해 계속해서 풍요로워진 재건된 삶은 행복하다고, 즉 자유로우며 동시에 만족스럽다고 불릴 만하다. 이때부터 자유와 만족감은 완전함과 행복이 내포하는 의미에 도달한 실존의 내용이 될 것이다.

만일 윤리가 바랄 만한 것과 기쁨이라는 전망에서 삶을 재건하도록 하는 수단을 결정하는 데 있다면, 그 윤리는 동시에 자유를 구축하기 위한 노력인 것처럼 보인다. 억압을 통해 경험된 행복은 진정한 행복이 아닐 것이며, 제한된 기쁨은 기쁨이 아니라 고통이 될 것이다. 이런 이유로 자유를 만들어 가는 일은 행복한 삶의 사고 속에 내포된 욕구가 되는 것이다. 사르트르가 도덕적 질문을 자유가 그 자체로 목표가 될 수 있는지를 아는 질문으로 축소시켰을 때, 《존재와 무》와 《도덕을 위한 평론》에서 모든 가치들의 동등성을 단언하고 그 가치들에서 자유의 우위를 추론하였을 때, 그가 생각했던 것처럼 자유는 그 자체로 자족하는 선(善)이 아니다. 자유는 단지 변명이나 가능한 근거 없이 선택을 수용하는 책임감 이외에 다른 어떤 것을 더 제안할 수 없다.[4] 사실상 자유는 그 자체를 위해 희구(希求)되지 않는다(권력에 대한 의지 안에서 말고는). 자유는 기쁨의 수단으로, 좀더 단순하게는 행복한 삶의 수단으로 희구된다. 우리는 '역사적인' 위대한 날들 속에서 그 수단을 보게 된다: 휴전이나 다가온 독립, 즉 자유가 임박했음을 알림이 기쁨과 열광 속에서 체험되었다. 그러나 만일 자유가 단지 기쁨의 수단이며

---

4) 참조. 사르트르, 《존재와 무》(결론에서: '자신에게 있어 그리고 자신을 위하여: 형이상학적 개관'). 참조. 또한 우리의 논문 〈사르트르의 작품에 관한 질문들〉, 《현대 시대》에서 특별호 〈사르트르의 증인들〉, 1990.

그 조건들 중 하나라면 그 자유는 그것들의 필요조건이 되는 것이다. 이런 이유로 인해 자유는 바랄 만한 것이다. 그것은 '아무것도 아닌 것을 위해' 혹은 체면에 대한 염려나 행복을 위해 희구되는 것이 아니라, 사람들의 기쁨과 그들의 행복이 관련된 조건이기 때문에 그래서 고상하고 가치 있으며 고귀한 것이다.

이런 이유로 인해 바랄 만한 것(절대적으로 바랄 만한 것, 다른 모든 선(善)보다 선호된 선)의 전망 안에서 삶의 재건은 동시에 자유가 구축되고 있음을 함축한다. 기쁨과 자유는 관계없는 두 개념이거나 두 경험이 아니다. 이것들은 서로서로 상호적으로 함축된 두 용어이다: 체험된 기쁨은 자립과 자유 속에서 경험되어야 한다. 마찬가지로 자유는 기쁨과 만족감으로서 실존적으로 느껴져야 한다.[5]

2. 두 가지 자유

삶을 재구성하기 위해 심사숙고된 노력으로, 윤리의 본질에 속하는 하나의 문제가 여기서 나타나게 된다. 만일 자유가 만들어 가야 할 행복한 삶의 구성 요소라면, 사람들이 재구축하기로 정한 현실의 삶은 존재하지 않는다는 것을 의미한다. 그러나 자유가 실제로 없다면, 개인과 그 개인의 의식이 필수적인

---

5) 우리가 알기에 스피노자는 자유와 최상의 기쁨인 지복 사이의 내적 관련성을 수립한 유일한 철학자이다.(참조. 《윤리학》, V, 36)

충동, 생리적 필요, 사회적 세력과 같이 숨겨진 힘들의 단순한 결과라면 실존에 관한 새로운 원칙들을 규정하거나 관찰함으로써 삶을 재구성하려는 결정은 어떻게 이루어지겠는가? 의식은 자유로워야 하는데, 이것은 얻고자 힘써서 실현될 만한 '가치'가 될 수 있는 목표 선택을 위해서 뿐 아니라 실제로 자기 자신의 실존을 재구성하기로, 즉 새롭고 중요한 결정적 선택을 하기로 결정하기 위해서도 그렇다. 그렇지만 만일 의식이 이미 자유롭다면 왜 의식이 자유를 획득하려고 애쓰겠는가? 이미 현실의 삶 속에 자유를 배치하고 있다면 왜 의식이 자유를 연루시키면서 새로운 삶을 바라게 되겠는가?

두 개의 상반되는 논쟁이 타당할지도 모르는, 의식이 필연적으로 완성하기를 바랄지도 모르는 것을 완성할 수 없을 것이라는 논리 순환이나 극복할 수 없는 아포리아(난점)가 거기에는 없는가?[6] 만일 의식이 자유를 갈망한다면(기쁨에 도달하려고), 이것은 의식이 실제로 자유롭지 못한 것이며, 그래서 의식은 현재의 삶을 떼어 놓기로 결정할 수 없게 된다; 그러나 의식이 이미 자유롭다면, 의식은 미래의 자유와 다른 삶을 바라거나 상상할 수가 없다. 그것은 의식이 현재의 삶을 즐기도록 여겨지고 있기 때문이다. 기쁨과 행복을 갈망한다는 것, 그것은 또한 자유를 갈망하는 것이지만, 자유가 없으면 모든 새로운 결정을 가로막는 것이기 때문에 박탈당한 자유를 어떻게 바라겠는가?

---

6) 순수 의무가 강제적인 동시에 불가능한 칸트주의 도덕의 경우에서처럼 말이다.

심사숙고될 때만 제기될 수 있는 표면상의 난점을 철학자들이 알아차린 것 같지는 않다. 그렇지만 그들은 그 난점이 분명히 드러내는 난관에 봉착한다. 사르트르에게 있어, 막강하고 무한한 자유가 자본주의 사회에서 어떻게 소외(疏外)로 추락하게 된 것인가?[7] 자유가 이미 무한하다면 왜 자유는 자유에 대해 자문하는 것인가? 이 무한한 자유를 통해 모든 가치들이 서로 대등하다면 왜 소외에 대항해야만 하는가? 이미 있는 자유가 하나의 가치라면 왜 아직도 실현되지 않는가? 난관은 에른스트 블로흐에게서도 마찬가지이다: 모든 의식이 더 나은 세계를 희망한다면 어떻게 이 세계가 실현되지 않을 수 있는가? 에른스트 블로흐는 '객관적 조건'과 객관적 가능성의 무게를 강조하면서 욕망과 현재의 바람을 실현하는 것을 좀더 후로 미루는(계급 없는 사회의 시대로) 칸트주의 철학자인가? 우리 사회에서 행복할 수(그리고 자유로울 수) 없다면 종속과 소외의 현재 상황에서 어떻게 미래를 상상할 수 있는가? 꿈과 상상력의 유용한 힘을 강조함으로써 에른스트 블로흐는 상상력의 자유의 문제인 더 큰 문제를 가려 버렸다. 《희망의 원리》의 저자에게 있어 이 자유는 어떤가? 다른 사람들 사이에서 상상력은 단지 필수적이고 심리적 힘에 불과한가? 바람과 희망은 상실될 경우 현재에서 떨어져 나가는 것인가?

진실은 자유라는 용어로 지칭되는 것을 좀더 근접해서 정의 내리는 것이 합당하다고 하는 것이다.

---

7) 참조. 사르트르, 《변증법적 이성 비판》.

두 개의 형태로 묘사함으로써 자유를 정의내리는 것이 더 나은 일이다. 오로지 두 형태, 즉 자유의 두 단계를 구분함으로써 실존하는 개인들의 구체적 행위를 실제적으로 이해하는 어떤 기회를 갖게 된다.

일상 생활의 자연스러운 상태에서 의식은 자체의 움직임과 욕망의 근원이라는 면에서 자유로운 것이다. 이 '근원'은 반드시 명확하고 심사숙고된 것만은 아니다. 우리의 목표와 행위에 대한 의식으로서의 일상의 의식은 가장 불완전하며,[8] 그 의식은 애매하고 막연하다. 우리는 우리 행위의 깊은 동기를 즉각적으로 알아차리지 못하지만, 우리는 이 행위들과 그 동기들 중 몇 가지는 자각하고 있다. 프로이트가 생각하는 것처럼 우리가 '자각하지 못하는' 것이 아니라 단지 의식하고 있을 따름이다: 종합적이고 심사숙고된 설명하는 지식을 아직 갖고 있지 않은 우리는 자각하지만 **정통하지는** 못하다. 우리는 어떤 가치의 역사적 기원이나 어떤 신화(재생(再生) 신화나 날개 달린 뱀인 케찰코아틀 신화 같은)의 완전한 의미를 모를 수 있다. 하지만 우리는 태양의 움직임이나 아이들의 출생에 대해서는 의식하고 있다. **제1의 자유**는 이런 단순한 의식에 속한다.

우리는 이런 생각을 스피노자 철학 개념에도 자유에 관한 어떤 다른 견해에도 맡기지 않는다. 스피노자가 단순히 종속과 자유를 대립시킨 반면, 사르트르와 현대인들은 단순히 소외와 자

---

8) 참조. 스피노자가 한 **정확한(완전한) 지식과 부정확한(부분적으로 삭제되었기에 가짜의) 지식** 간의 구분.

유를 대립시킨다. 반대로 우리는, 행위에 대해 설명하기를 바라는 개념들을 세분화하는 것이 합당하다고 생각한다. 이런 이유로, 우리는 위계질서에 따라 단계를 이룬 자유의 두 단계를 구분한다; 우리에게 자유가 계속해서 현존하고 있다고 예상하면서 단지 이런 구분만이 종속의 한가운데 있는 자유에 대한 우리의 욕망과 진정한 자유를 향한 발전에 대해 설명할 수 있다.

사실 바로 '제1의 자유'라고 불리는 것을 통해, 즉 우리의 행위, 욕망, 선택의 우연성을 통해(이런 것들은 다를 수 있을 것이다. 그리고 우리는 그렇다고 느끼며 경험한다) 우리는 또한 삶에서 우리를 떼어 놓을 수도 있고 달리 방향을 정할 수도 있으며, 다르면서 새로운 가치들을 생각할 수도 있는 것이다. 이 제1의 자유를 통해 달리 결정하고 선택할 수가 있다. 그러나 우리가 왜 그렇게 하겠는가?

그것은 오로지 제1의 자유가 **불행하거나 혹은 만족스럽지 못한 자유**이기 때문에 다른 자유, 즉 행복한 자유를 만들 거라 생각할 수 있다. 실망하여 비탄에 잠긴 괴로워하는 연인은 더 완전한 다른 관계를 다시 만들 거라 결정할 수 없는데, 그 이유는 그가 사랑의 기쁨에 대한 욕망과 예감을 갖고 있고, 그의 현재 사랑으로 고통스러워하며, 갈등하고 있는 자기 삶에서 스스로를 떼어 놓을 수 있는 **자유**가 있기 때문이다. 그리고 동일한 이 제1의 자유(그의 선택, 그의 현재 사랑)를 통해 그는 슬픔이나 괴로움을 느끼는 것이다. 그래서 그는 종속된 것처럼 스스로를 느끼게 되는 것이다. 그의 제1의 자유가 자유와 상호적 기쁨이라는 미래를 기준으로 그가 사랑하고 고통스러워하며 종속을 부정하는 움직임 안에 그의 종속을 묶어 둘 수 있게 한다.

철학자들이 말하는 것처럼, 자유로운 의식만이 소외될 수 있다. 그러나 자유의 단계와 형태를 명확히 구분해야 한다. 제1의 자유는 의식의 자연스러움의 자유이며, 그것은 종속과 소외를 포함할 수 있다: 게다가 이런 이유로 제1의 자유는 불행한 자유가 된다. 또한 이런 이유로, 실제 갈망하지만 존재하지 않는 기쁨의 현실을 연루시킬 수 있는 미래의 새로운 형태에 따라 상상되고 재구성되기 위해 종속 상태에 있는 제1의 자유는 그 자체를 초월하게 되며, 현재의 형태 안에서 부정(否定)된다.

이때부터 기쁨과 함께 달성될 것은 자유 그 자체가 되겠지만, **부차적 자유** 혹은 자유의 두번째 형태와 관련될 것이다. 이런 자유는 자립과 자율이라는 특성이 있다. 그것은 기쁨과 자유 자체로의 긍정적 밀착을 포함한다. 그 자유는 행복한 자유 혹은 자유의 행복한 형태가 될 것이다. 확실히, 이런 부차적 자유는 그 의미가 완전한 자유를 말한다.

이제 우리는 아포리아 또는 난점이라고 생각해 온 것을 제기할 수 있다. 자유(기쁨이나 고통)에 대한 경험의 내용과 그것의 구체적 의미(자율과 자립 혹은 종속, 소외와 의존)를 참조하는 것은 이미 자유로운 한 개인이 자유를 갈망하고 만들 수 있다는 것을 우리가 이해할 수 있게 해준다: 즐겁고 독립된 자유의 빛은 불행하고 예속된 자유를 비춘다는 것이며, 동시에 초월과 재건의 움직임을 정당화함으로써 이런 자유에 동기를 부여해준다. 자유가 행복하고 독립된 자유로서 고유의 완전함을 예상하고, 갈망하며 만들어 가기 위해 예속되고 불행한 자유의 상황을 부정할 수 있는 것은 바로 바라던 기쁨과 행복을 기준으로 할 때이다.

3. 위기의 경험

기쁨과 독립성을 만들기 위해 불행한 상황에서 자신을 떼어놓는 자유의 이런 과정은 단순한 추리의 결과물도 단순한 성찰의 결과도 아니다.

위기에 대한 실존적 경험 안에서 그리고 그것을 통해 자유는 스스로 문제를 다시 제기함으로써 새롭게 만들어질 수 있다.

위기는 불만족이나 내면의 모순, 고통의 절정 순간이다. 이것은 다른 사람과의 사회적·개인적 갈등의 악화나, 고민이나 절망, 권태, 버려진 상태(즉 버림받은 느낌) 같은 감정적·신체적·'실존적' 고통의 악화에서 생겨날 수 있다. 그러나 고통을 절정으로 이끄는 이런 악화는 기계적이고 수동적인 현상이 아니다. 그것은 사실 고통 그 자체에 고통이 자리잡는 것이며, 개인이 자신의 고통 위에 자리를 정하는 것이다; 이것은 불관용(不寬容)의 느낌, 대단히 실존적이고 실제적인 '판단'이 나타나게 되는 것인데, 이것에 의해 자신의 고통과 이 고통에 대한 거부를 통해 개인은 그 고통이 극도에 달했다고 마음대로 생각한다. 주체만이 자신에게 참을 수 없는 것의 '시초'를 정할 수 있다. 이것은 마치 교전국들이 휴전과 평화를 협상하기로 결정할 수 있도록 그들의 고통이 도달해야 하는 단계를 전례(前例)

와 상관없이 단독으로 정하는 것과 같다.

이렇게 해서 위기는 마치 자유의 행위로 보인다. 그러나 이 행위는 단지 감정적이고 고통스러운 것이 아니다. 이것은 또한 심사숙고되고 영리한 것이다. 그리하여 주체는 자기 고통에서 우연이라는 특성을 파악하게 된다. 고통을 인간 조건의 넘어설 수 없는 여건, 수용해야 하고 감수해야 할 여건으로 만드는 대신 그는 고통 속에서 한계—불관용의 한계를 알리는 감정적 실존적 순간을 볼 줄 알게 된다.

그러면 주체는 새로운 움직임을 시작하게 된다. 불관용 밖으로 나가는 출구는 더 위급하고 더 강렬한 그의 욕구가 된다; 고통 자체에 대한 심사숙고를 통해 그는 마침내 지금이야말로 행동할 때이고, 행동할 욕망이 있음을 알게 된다. 이때 가치와 관점에 대한 쇄신이 절대적으로 필요하다는 인식이 나타난다; 불관용으로 내버려진 고통의 강렬함, 평화에 비추어 욕망의 진정한 목표로 밝혀진 평온함이나 심지어 기쁨의 강렬함을 통해 위기는 이때부터 새로운 윤리가 발생하는 장소가 된다. 새로운 욕망의 발생지인 위기는 이렇게 해서 그때부터 불관용으로 정해진 고통스러운 실존으로서 삶을 재건하는 데 있어 기원이며 근원이 된다.

그래서 위기는 새로운 욕망이 생겨날 수 있는 근본적이고 극적인 경험이다. 생산성 있는 경험으로서의 위기는 사실 중재(仲裁)적 특성이 있는 의식과 관련된다: 극도의 고통(이별이나 상처, 실패나 모욕, 고독이나 무지, 추방이나 심각한 불공정)은 본질적으로 고독이나 실패, 부조리나 폭력일 수 있는 인간 조건의 확고부동한 구조의 표현으로서가 아니라 우연히 고뇌가 나타난 것으로 파악된다. 이런 고뇌는 존재하지 않을 수도 있으며, 개인은 환희나 완전함을 경험할 수도 있다. 그러나 정확히 말해서 그는 그 반대를 경험한다: 이때 **불관용**으로 여겨지는 것은 바로 현실의 고뇌를 통해 가능할 수 있는 기쁨의 반대이다.

고뇌는 인간 조건의 의미를 알려 주는 것 이외의 감정적 장치가 아니다: 반대로 통찰력이 있으면서도 겸허하며 책임감 있는 명철함은 욕구와 버림받음 상태에서 형성되어 내재(內在)적일 어떤 필요도 없는 전망이라든가, 생각과 믿음으로 길러지는 우연한 한 순간을 고통 자체에서 발견할 줄 안다. 용기 있는 명철함은 고통을 위기로 전환하여 위기 밖으로 나가는 **출구**의 가능성을 열어 놓는다. 반면에 인간 조건 밖으로 나가는 출구는 불가능할 것이다. 그래서 참을 수 없는 우연성 같은 극적 경험을 포착한다는 것은 부재(不在)하는 기쁨과 정의(正義)를 은밀히 참조한다는 표현이며, 동시에 고통을 우발적이며 독특한 것으로 설정할 줄 아는 겸손의 표현이고, 이런 고통을 책임감이나 내면적인 **제1의** 자연적 자유에서 나온 것으로 던져 버리는 능동적인 **제2의** 자유의 표현이다. 새로운 욕망이 생겨나고, 고통스럽고 책임감 있는 의식이 또 다른 미래에 비추어 그것의 전망과 그것이 존재하는 근본적 쇄신에 직면할 수 있는 것은 극단적이지만 자유롭고 책임감 있는 바로 그 순간부터이다.

정확히 말해서, 윤리는 바랄 만한 것에 비추어 삶을 다시 만들기 위한 노력이다. 그것은 내면에서 혹은 불충분함이나 불행으로부터 출발하여 실존에 대한 긍정적 개념을 규정하고 실현하고자 하는 노력이다. 그러면 새로운 욕망과 제2의 자유는 유일한 현실 자체가 될 것이다: 의식, (창조와 우연성의 문제에 연관된) 자유의 개념을 통해 혹은 (행위의 내용과 동기의 문제에 관련된) 욕망의 개념을 통해 의식이 밝혀짐에 따른 의식이 될 것이다.

II

욕망과 욕망의 전환

1. 두 가지 형태의 욕망

고뇌나 불행, 무능의 가장 깊은 곳에서 주체는 절망에 빠질 수 있다(가끔 키에르케고르에게서 볼 수 있는 것처럼). 또는 속죄 신화나 더 나은 세계인 유토피아에 끌릴 수 있다(에른스트 블로흐에게서 볼 수 있는 것처럼). 결국 더 바랄 만한 것을 실제로 실현하기 위해 능동적으로 노력하기로 결정할 수도 있다. 그래서 본질적 실존을 통해, 부재 시 생겨나는 고통을 예감하는 행복을 통해 밝혀진 의식은 기쁨의 여정을 구축하기 위해 의식 자체의 수단으로 행동하리라 결정한다.

이런 결정은 의지(意志)라고 할 수 있는 어떤 능력의 결과물이 아니다: 자기의 행복을 위해 노력하기로 한 결정 안에서, 이것은 구체적인 인격의 총체, 관련된 개별적 존재의 총체이지 가설적인 '원하는 능력'이 아니다.

행복을 향한, 즉 행복의 실현이라는 완전함을 향한 여행을 위해 항해를 시작한 주체는 단지 지식과 성찰을 갖춘 지적 주체만은 아닌 것이다. 그는 또한 욕망의 주체이다.

여기까지 우리는 단지 총체적 방법으로 욕망을 고려해 보았다. 우리는 그 욕망이 자유와 만족감에서 만들어진 이 행복, 더바랄 만한 것이라는 용어로 지칭되었고 수동성의 모든 억압에서 풀려난 **존재하고 행동하는** 경험을 다시 찾게 해주는 행복을주체에게 부여하는 완전한 의미 있는 단계를 향한 우리 삶의 움직임 그 자체의 근원이라는 것을 알게 되었다. 이제 우리는 이에 대한 분석을 분명히 할 수 있다.

욕망은 행복의 기초 재료이다. 그것은 행복의 원료인 동시에창설 요소, 즉 실존이 재단되고 만들어지게 될 실존과 재료를향한 움직임의 연대기적 기원이다. 우리가 자주 사용하게 될 이마지막 용어는 보통 행복이라 불리는 실존적이며 뜻을 명확히나타내는 완전함을 가리킨다; 욕망의 본질 속에서, 능동적인채워진 욕망으로의 실존, 행복이 시작될 것이다. 그래서 욕망은 **기원인 동시에 목표**이다. 바로 이 욕망이 실존과 시작할 이실존의 재료 자체를 향한 우리의 움직임에 에너지를 공급하는근원이 된다.

다른 말로, 인간 정신에는 욕망과는 다른 근본적인 실재가 없다는 것을 의미한다: 욕망은 기원이며 근원인 동시에 목표이자종착지이다. 이것은 삶이자 움직임이고, 또한 종착지이며 목적지이다. 분명 자유에 대해 발생했던 것과 같은 상황이 욕망에대해서도 일어난다는 것을 말한다: 만일 목표가 이미 시작에있다면 왜 이 목표를 추구하겠는가? 만일 행복이 단지 충족된욕망에 관계된다면, 단지 그것을 만족시키고 충족시키려고 노력하면서 왜 **이미 주어진** 그런 욕망으로 한정되지 않는가? 그렇다면 제레미 벤담처럼 행복의 윤리를 쾌락에 대한 예측으로 왜 한정시키지 않는가?

그것은 자유에 대해서와 마찬가지로 욕망의 **두 가지** 형태가 있다는 것을 단지 깨달아야만 하기 때문이다: 수동적이며 일상적인 자발적 형태 그리고 자율적이며 능동적인 심사숙고된 형태. 제1의 형태의 욕망은 무의식적이고 본능적(예를 들어 프로이트의 초기 저작들에서 표현되고 있는 것과 같은) 충동 이론이 옳다고 인정하는 것 같은 형태이다. 거기서 사람들은 상황에 따라, 영감에 따라, 받은 이미지와 성급한 판정과 은밀한 도발에 따라, 또한 '욕구불만'과 '보상'에 따라 '마음껏 자유로이' 욕구와 순간의 자극, 열광과 혐오, 증오와 사랑을 누린다. 이런 모든 욕망들은 단지 '신경 충동'의 방출일 수 있다. 혹은 라캉이 언급하는 것처럼, 이것은 '무의식의 담화' 요소들로 단순히 쾌락을 얻거나 '자신'을 확인하는 것을 목표로 할 수도 있다. 그렇지만 자발적인 이런 동일한 태도들에 대한 또 다른 분석을 할 수도 있다: 제1의 자유의 실제적 형태로서 욕망은 정말 이런 태도들에서 기쁨과 쾌락을 찾고 있다. 이 기본 욕망은 자연스러움과 상상력이 풍부하지만, 또한 고뇌와 무지함도 가득해서 제1의 자유의 본질을 구성한다. 제1의 자유는 이 욕망의 움직임이다. 이런 이유로 욕망과 실제 삶에 대해 일상적으로 행하는 인류학적(심리분석학·사회학·경제학 등) 분석이 너무도 흔히 단순한 생물학적 기계적 은유이기 때문에 신경 충동, 장벽, 억제, 방어 기제와 같은 수많은 표현들이 있는 것이다. 이런 이유로 위의 표현들은 욕망의 **의미**와 **자유**에서 벗어나 있다. 그런데 열정('신경증'과 옛날 표현인 '콤플렉스'처럼)은 자유의 선택, 단지 맹목적 상상력에 이끌려 하나의 욕망을 자유로이 선택하는 것이다.

이것이 욕망이며, 열정이 행복을 향한 움직임의 기원을 이룬다: 사실 욕망은 본질적으로 스스로에 대한 만족으로서의 욕망이며, 첫 단계의 자유로운 의식은 이 욕망에서 행복과 상상적 세계의 **본질을 향한** 동경을 끌어낸다. 이때 욕망은 초석과 조건으로서, 근원과 기원으로서 행복을 향한 여정의 **토대**가 된다.

그렇지만 또한, 가장 많은 수의 가능한 쾌락들 중 가능한 가장 큰 만족감을 행복과 동일시하는 세련되지 못한 행복의 개념이 여기서 비롯된다; 물질주의적 영감에서 비롯된 이런 개념은 그것을 만든 사람들로 하여금 열정에서 나온 고통을 확인하도록 그리고 그 고통을 비극적으로 행복에 연관시키도록(니체가 그렇게 한 것처럼) 혹은 '자아에 대한 이기주의'로 최고의 가치를 만들도록 하면서(스키너[1]의 경우가 그렇다) 열정의 무지함을 확인하도록 훈련시킨다. 사실 이런 주장은 행복도 기쁨도 만들어 내지 못한다; 쾌락은 그 자체에서 전쟁, 폭력, 파괴로 이끌 뿐이다.

자연스러움의 형태인 제1의 형태 내에서 욕망은 필수적 본능이나 심리생리학적 장치와는 완전히 다르다는 것이 사실이다. 그것은 자유의 형태이며 재료이다. 그 이유는 욕망이 육체와 정

---

1) M. 스키너, 《유일한 것과 그것의 속성》, 1845.

신의 움직임, 그 움직임을 통해 하나의 **주체**가 그에게 의미 있는 그의 눈에 갈망할 만한 목표, 즉 가치를 설정하는 의식의 움직임을 구체적으로 전개시키는 것이기 때문이다.

이때부터 욕망의 핵심과 본질은 그것의 진정한 의미를 출현시킨다: 욕망은 맹목적으로 필수적이고 활력에 있어 한정된 충동이 아니다. 그것은 의식으로, 스스로에게 현존하는 의식의 물질적인 움직임이다. 욕망은 본능이 아니고, 행복은 '본능들'을 만족시키는 것이 아니다. 정반대로 욕망은 있는 그대로 자유롭게 정해진 바랄 만한 가치로서 구성되는 의미의 실체를 추구하는 물질적·의식적 움직임이다. 의미의 자유로운 창조자인 움직임은 민감한 기쁨을 추구하는데, 우리는 직업을 찾을 때, 여행을 준비할 때, 음식을 만들 때, 정원 만들기나 다른 이를 사랑할 때, 음악 작곡할 때 또한 알 수 있는 그런 기쁨이다.

만일 첫번째 형태의 욕망이 자유롭고 명확한 의미를 나타낸다 하더라도, 그렇지만 그것은 그렇게 행복하고 만족스럽지 않다는 것을 우리는 알고 있다. 종종 불행하고 의존적이 되는 제1의 자유는 (외국의 점령에 대항해서 마음대로 반란을 일으키고, 그 점령으로 인해 유지되는 종속 상태에 대해 솔직히 고통스러워하는 저항자에게서처럼) 완전히 독립적인 새로운 자유를 구축함으로써 삶을 재건하기로 결정하는 것과 마찬가지로, 첫번째 단계의 욕망은 스스로에게 주어진 충족된 욕망으로서 재구성할 것을 자유롭게 결정할 수 있다.

자발적인 욕망은 행복을 찾아가는 여정의 근원이고 기원이었다: 이것이 지금은 **고유의 재료**, 즉 원료로서 그것을 토대로 행동할 필요가 있고, 만족되고 충족될 욕망의 **제2의 형태** 수준으로 충족되지 않은 욕망을 끌어올리기 위해 개선시켜야 할 필요가 있다. 제1의 자유가 완전한 자유 수준까지 가기 위해 윤리를 구축하기로 결정하는 것과 마찬가지로, 첫번째 욕망은 그 자체를 원료로 여기는데, 이 원료와 함께 이 원료로부터 욕망은 충족된 욕망으로 그 자체에 주어진 제2의 욕망으로서 재구성될 것이다.

스스로 만드는 욕망과 자유의 이런 움직임은 유일한 하나의 같은 움직임이다: 느리고 심오한 창설(創設)인 행복의 여정은 그 기원과 동기를 자유이기도 한 욕망 안에서, 욕망이기도 한 자유 안에서 찾는다.[2] 그러나 **창시(創始)적 동기**로서 이런 자유로운 욕망은 동시에 **재료**가 되는데, 이것을 바탕으로 이것을 가지고 새로운 실존이 구축될 것이다: 이런 자발성의 도래가 변화된 인격으로, 즉 능동적 욕망과 행복한 실존으로 만들기 위해 맹목적이고 제한된 혹은 분산된 자발성을 바탕으로 하나의 **작업**이 수행되어야 한다.

그러나 누가 이 작업을 수행할 것이며 어떤 도구를 갖고 할 것인가? 어떤 '능력'이 사용될 것인가?

자유와 욕망에서 우리가 알았던 **스스로 예견**하고 **스스로 구축**하는 이런 능력을 우리의 해답 안에서 설명해야 한다. 욕망이며 동시에 자유인 주체는 어떻게 자기 스스로를 자기 변화의

---

2) 우리는 사람들이 내용의 문제 제기나 우연성의 문제 제기를 검토함에 따라, 욕망과 자유는 하나의 유일한 사실인 의식에 적용되는 두 개의 개념이라는 것을 앞에서 지적하였다.

대상, 자기 완성의 대상으로 여길 수 있는가? 그에게 있어 어떤 능력이 행복을 구축하는 데 있어 필수 불가결한 **변화 작업**을 이행할 수 있게 하는가?

분명 그것은 성찰과 관련된 것 같다.

2. 성찰을 통한 욕망의 전환

때로는 신중해야 한다. 플라톤과 아리스토텔레스에게서, 데카르트와 칸트에게서 알 수 있듯, '갈망하는 능력'과는 구별될 수 있는 성찰 능력을 제시하는 것과는 관련되지 않을 수 있다. 이런 '능력'에 대해 스피노자가 충분히 비판했다.[3] 그리고 현상학은 의식이 **하나**이고, '심리적'(인지·상상·기억 등)이라 불리는 중요한 기능은 각 의식의 전부이며, 이 의식은 일정한 태도로 어떤 목표를 향해 방향을 잡고, 각각의 행위에서 특이한 '지향성(指向性)'으로 고무된다고 밝혔다.[4]

이성 혹은 성찰이라고 할 수 있는 구별되는 기능이나 능력이 존재하지 않는다면, 그렇다면 성찰에 대해 정의내리고 주체가 스스로 예감하고 스스로 구축하는 것으로 기록된 **양분(兩分) 행위는 자유로운 욕망의 구성 요소가 되어야 한다.**

---

3) 스피노자, 《윤리학》, Ⅱ, 49, '필수적 귀결의 증거.'
4) 참조. 후설, 《현상학적 순수철학을 위한 사고》. 참조. 또한 사르트르, 《상상적 세계와 감정의 현상학적 이론의 소묘》, 그리고 메를로 퐁티, 《지각의 현상학》(특히 서문).

이렇게 해서 우리의 임무는 명료하게 정의내려진다: 극적인 위기 경험에서 비롯하여, 개인이 존재의 어떤 불행한 형태에서 만족스럽고 행복한 형태로 통과하는 것이 관련된다. 우리는 자유의 두 단계를 구별하면서 이런 개인을 자유로 지칭해 왔다: 이런 구분은 극적인 존재가 만족스런 존재로 통과하는 것이 가능하고 이해할 만한 것으로 만드는 필요조건이었다. 각 개인에게 있어 경험과 행위의 우연성을 통해 이런 통과가 가능해졌다: 경험과 행위는 다를 수 있다. 그래서 그는 자유롭다.

그러나 (불행 상태에서 행복하게 되리라고 목표를 정한) 이런 자유는 자신의 기쁨을 갈망하는 실제적인 개인의 자유이다: 여기서 욕망의 개념이 개입된다. 욕망은 (자기 자신과 세상에 대해 행동할 자유를 갖고 있는) 개인 그 자체이다. 그러나 이번에는 실제적이고 질적인 인격 안에서 고려된다: 주체의 자유는 자기 욕망에 대해 자유로운 움직임이다. 그런데 우리는 더 멀리 있었다: 두 가지 형태의 욕망(두 가지 형태의 자유와 유사한)이 존재한다고 보여주면서 자유 행위의 역동적 동기를 명확히 했다. 개인은 의식 자체와 동일하며, 그래서 '능력' 없는 하나의 개체이다: 그래서 (기쁨과 자유를 갈망하는) 자유로운 욕망으로서의 개인이 자신의 새로운 욕망을 만들기로 결정할 것이다. (극적이거나 소외된) 자유로운 욕망으로서의 그가 능동적 욕망과 행복한 자유로서 자신의 새로운 자유를 다시 만들기로 결정할 것이다.

이런 분석은 첫 단계의 욕망이 이미 그 완전한 의미 속에서 고려되었다는 것을 의미하지는 않는다; 인격과 자연적인 감정적 욕망은 엄격한 의미로 반성적이지도 이성적이지도 않다. 그

럼에도 불구하고 욕망(전 인격의 감정적 활력)은 사실 언제나 2
분되는 능력을 내포하고 있다. 그것은 욕망이 항상 스스로에 대
한 확인, 그것의 움직임과 목표에 있어 되풀이되는 밀착, 스스
로에 대한 논쟁, 그것의 목적과 목표에 대한 비판과 변화를 수
행하기 때문이다. 바로 이런 이유로 이 욕망에 있어 **반사율(反
射率)** 구조를 인정하는 것이 합당하다. 이미 자연적인 일상의
의식에서 가볍고 함축적이며 현실적이라고 일컬어질 스스로에
대한 현존, 역시 가볍고 함축적이라 불릴 지적 활동이 주어진
다. 첫번째 단계에서 온 자유로운 욕망은 **이미** 갈망하는 의식
(그래서 스스로에게 존재하고 있는)이고 바라던 어떤 목표에 대
한 의식(그래서 함축적 개념들로 정의되고 높이 평가된, 즉 긍정
적으로 판단되고 바랄 만한 것이라고 추정된)이다. 이런 반사율은
어디나 현존한다: 내가 어떤 메뉴를 선택할 때, 다른 게 아닌
정해진 어떤 버스를 기다릴 때, 콘서트에서 자리를 차지할 때,
스스로에 대한 반성적이지 않은 의식으로서 자신과 세상에 대
한 현존, 즉 가벼운 내적 2분이며 마침내 선택이나 선별, 평가
에 있어 기초적이고 이성적인 활동을 동시에 포함하는 구체적
인 어떤 욕망(음식 먹기, 이동하기, 즐기기)을 발휘할 때. 여기서
자유로운 욕망은 반사율인데, 이 욕망이 성찰에 있어 가벼운
시작이며 판단에 있어 가벼운 지적 활동이고 동시에 이 활동들
에서 현존에 대한 고유한 의식이기 때문이다.

그러므로 주체 안에서, 즉 그의 자유와 욕망 안에서 자기 자
신에 대해 작용할 수 있고 변화할 수 있는 것은 **반사율**로서의
바로 그 자신이다. 그러나 자유 욕망의 구조에 의해 가능해진,

이성이나 의지(즉 주체와 무관한 '도덕')에 도움을 청할 어떤 필요도 없는 스스로에 대한 자신의 작업에 있어 자유 욕망은 고유의 반사율을 성찰이라는 더 고상하고 더 분명한 단계로 통과시킨다. 이후로 성찰이 수행할 변화에 대한 책임을 떠맡게 된다. 그러나 그것은 주체 내에서 타율의 능력이 아니라, 반사율의 자연스런 단계에서 **능동적 반사율**인 좀더 심화된 2분 단계로 올라가는 **주체 자신**이다.

만일 우리 여정의 재료가 욕망이라면, 우리 작업의 도구가 자유롭게 의식적인 자연스러움에서 확인된 성찰로 통과된 것으로서 같은 욕망이라면, 욕망을 인도하기 위해, 즉 욕망 스스로 곤란하고 불행한 자연스러움에서 그 존재의 완전함으로 이끌기 위해 이 성찰이 완성해야 할 임무는 이제 무엇이겠는가? 그러면 심사숙고된 욕망, 능동적이고 욕망을 품은 성찰로 변한 욕망하는 의식은 어떤 임무를 완성해야 하는가?

그 임무는 열정의 억압이나 도덕적 비난을 세우는 것이 아니다. 그것은 어느것에 있어서도 강제나 억압, 정화(淨化)가 아니다.[5] 욕망은 죄가 아니며, 행복의 여정은 정화와 후회의 고행이 아니다.[6]

관련되는 임무는 **전환**의 임무이다.

이 용어의 의미는 정말 긴 역사, 특히 종교 역사의 산물이다. 그러나 종교적 범위는 기본 의미의 핵심을 이루지는 않는다. 여

---

5) 참조. 《순수한 것과 불순수한 것》에서 장켈레비치의 '순수성'에 대한 비판.
6) 스피노자는 "자연에는 악덕이 없다"라고 말했다.(《윤리학》, III, 서문)

기서는 종교적 개종에서처럼 갑작스런 '계시'를 경험한 후에 새로운 영적 공동체로 편입되는 것이 관련된다. 그것은 깊이 고려된 내면의 행위와 관련된 것으로, 이 행위 자체가 주체를 새로운 정신 세계로 들어가게 하며——또한 근본적이고 갑작스런 작용의 결과로서——그렇지만 종교적 개종과는 달리 형이상학적 기원의 직관적 '계시'의 결과물은 아니지만 심사숙고된 작업으로서 천천히 숙성된 급작스러운 작용이다. 그래서 **철학적** 개종이 관련된다. 이것은 주체의 유일한 인간적 능력을 통해, 즉 자신의 욕망이 올라간 성찰 능력 그리고 위기에 대한 극단의 경험 이후, 성찰을 새롭게 재구성하리라 소망하는 능력을 통해 수행된다.

간단한 한 가지 예를 들어 보자. 무정부주의의 에피쿠로스파이며, 충동적이고 우유부단한 개인은 어느 날 문득 자각(自覺)하는 극단의 고통을 겪을 수 있다: 아무것도 창조하지 못한다는 불만족, 다른 사람들의 무정부주의적 폭력 앞에서의 반란, 쾌락의 덧없는 불안정성 같은 것들이 돌연 참을 수 없는 위기 속에 나타날 수 있다. 그러면 개인은 오직 '진정한 삶'일 수 있고 그렇게 오랫동안 헛되이 추구해 온 행복이나 기쁨을 실현시킬지도 모를 열정적이며 의미가 풍부한 삶에 자신의 삶이 조금도 부합하지 않는다고 죄의식 없이 알아 차리게 된다. 이런 위기는 새로운 삶의 시작일 수 있고, 이런 시작이 정확히 우리가 말하는 전환(개종)이다.[7]

전환은 인식의 반성적 작용이며 동시에 기쁨에 이르려는 확고한 결정이다. 그래서 성찰의 도움을 통해 행해진다는 의미에서 이 전환이 반성적이며, 그것이 구체적인 욕망의 결과물이고 즐거운 실존 조건을 창설하기로 정한다는 의미에서 이 전환은 또한 실존적이다. 이것은 비극적이거나 헛되지 않은, 그러나 의미 있고 충족된 존재의 확고하고 심사숙고된 선택이다.

이런 선택은 간단한 결정이 아니다: 이것은 주체가 자기 계획에 필요한 능력을 갖고 있다는 사실에 대한 반성적 지식이다. 철학적(감정적이며 지성적인, 실존적이며 반성적인) 전환은 그 자체로 의식과 욕망으로서 자유와 효용성에 대한 자각이다.

단순히 결정이나 의지의 행위라고 왜 말하지 않는가? 이런 용어들은 심리적 능력에 관한 생각을 내포하고 있기 때문에 부적합하다. 반면 여기에 관련된 것은 바로 실존적 전체 속에 주체의 전부이다. 전 인격이 새로운 삶을 **시작하게** 될 전환 행위 안에 동원된다.

단순히 드러나는 난해함과 애매함에도 불구하고, 두번째 이유는 전환이라는 용어의 선택을 해명해 준다. 이 용어는 플라톤의 저서[8]에서 동굴 포로가 행하는 것과 유사한 자기 자신 위로 순환하는 움직임이라는 사상을 함축하고 있다. 그래서 이런 전환은 완전한 붕괴이다; 그렇지만 이것은 육체가 아닌('기계적'이고 심리적인 인과 관계에 의한 '충동'의 변화를 생산한다는 의미에서) 의식에 의해 수행되는 것이다. 여기서 반성적 전환이

---

7) 사람들은 우리의 예를 키에르케고르의 학설에 접근시킬 수 있다. 거기서 주체는 실존의 3단계를 거쳐 간다: 미적·윤리적 그리고 종교적 단계. 그러나 우리의 예에서, 주체는 자신을 기쁨의 윤리로 구성한다.

8) 플라톤, 《국가》, VII, 514 α.

란 주체가 세계와 함께 설립한 관계의 역전이라고만 간단히 말해 두자: 외부의 사건들(기계적이거나 '변증법적' 인과 관계에 따라, 사회나 경제·자연에 의한 산물로 생각되는 욕망, 감정, 이상)의 결과라기보다는 주체 자신이 이러한 것들의 의미의 근거라는 것을 이제 그는 알고 있다(자신의 가치와 목표에 따른 창의적 선택을 통해 상황에 대한 해석과 평가의 시초로서). 이것은 지적인 면에서 가치가 있는데, 그 이유는 바로 주체가 의미와 가치를 결정하기 때문이다. 이것은 또한 실존적인 면에서 가치가 있는데, 그것은 주체가 자신의 존재와 실증성의 이유로서의 자기 자신이 되기로 결정하기 때문이다.

그래서 철학적 전환이 진정한 **시작**이다. 좀더 구체적으로, 새로운 의미를 부여하는 종교적 은유를 수정해서 표현한다면 이것은 일종의 '재생(再生)'과 관련이 있다.

이 재생 속에서(첫번째 출생은 교육, 문화, 자신의 노력에 의한 인격의 성숙 같은 것에 의해 유도되었다), 심사숙고하고 실존하는, 명석하면서 역동적인 개인은 마침내 자기 자신의 삶의 기원으로 출발할 수 있게 된다: 자율적인 어떤 계획과, 그렇지만 또한 실존에 있어 질적으로 새로운 내용의 구체적 목표를 실행하고 이행하는 것이 관련된다. 자신의 욕망과 이성의 기초 위에, 항상 어렴풋이 자신의 것이기는 했지만 이제는 자신의 고유한 가능성으로 명확하게 드러나는 전망 속에서 새로운 삶을 구축하리라고 드디어 그는 결정하게 된다: 모든 다른 존재보다 **더 나은**, 실제로 완전함과 의미·만족을 주는 만족된 존재의 진정한 실제적 실현이다.

이처럼, 성찰인 동시에 욕망으로 우리가 알고 있는 구체적인 개인은 그 자신의 새로운 삶에 대해 반성적 기원으로 출발할 수 있다. 그래서 그는 용기와 내면의 작업을 통해 존재가 새롭게 시작하는 **행위**가 되는데, 구체적으로 삶에 대한 재출발에 있어 자립의 근원이 된다. 개인은 재출발의 행위를 통해 주체가 된다. 우리가 **반성적 전환** 혹은 철학적 전환이라 부르는 것이 바로 이런 행위이다.

3. 전환의 임무

그래서 철학적 전환은 우리가 행복을 구체적으로 실현하게 해주는 도구(혹은 방식)이다. 또한 이런 전환을 '반성적 결정' 혹은 '반성적 전도'라는 표현으로 지칭하자.

욕망의 존재로서 의식에 의해 행해진 이런 반성적 행위에 대한 참조를 통해서만 세 가지의 기다림에 답할 수 있다: 행복을 추구함에 있어 각인된 것 같은 어려움을 **밝히는 것**과 그리하여 반론에 대답하는 것; 행복과 기쁨의 개념을 **구분하고 규정하는** 것과 행복한 삶의 내용을 더 잘 묘사하는 것; 끝으로 이런 행복한 삶, 즉 우리가 더 바람직한 것으로 부르는 목표를 실제로 **실현하는** 것.

시간의 통제

행복 추구에 대해 가해진 비판들 중 대부분은 모순과 애매함을 강조하고, 그것에서 비롯되는 불가능에 대한 것이다. 이런 비판들에 따르면, 행복은 필수적인 것으로 정해진 순간의 빠름과 기간의 영구성 사이의 모순을 함축할 거라는 것이다. 또한 (자연이나 예술 작품 앞에서) 감탄의 순간과 이런 순간 이전이나 이후에 벌어지는 재난의 상황인 현실과의 대조를 포함할 수도 있다: 전쟁중인 세계, 정치적으로나 일상적인 재앙, 고통, 고독, 권태, 질병. 또한 개인적 행복과 공적인 행복은 서로 모순되거나 배타적일 수 있다. 그렇지만 공적 행복은 사적 행복과 같은 자격으로 청할 수 있는 것이다. 끝으로 억압과 자유 사이의 대립은 분명할 수 있는데, 자유는 행복의 욕망으로 불리며, 억압은 현실에 의해 강요된 것이다. 쇼펜하우어가 욕망의 있을 수 있는 유일한 것들로 고통과 권태라는 논리로서 인류를 묶어 놓은 것과 같이, 프로이트는 쾌락 원칙과 현실 원칙의 대립에 의해 형성된 객관적인; 추월할 수 없는 근거를 '문명 속의 불안'에서 찾았다; 행복은 다만 현실 원칙과 문명의 모든 법칙에 의해서만 충족될 수 있다.[9]

또한 나타나는 순간 사라진다고 여겨지는 행복한 순간들의 덧없는 특성에 대해 비판을 전개한다.[10]

---

9) 참조. 프로이트, 〈쾌락의 원리 저편〉, 《심리분석학 소고》에서.

이 모든 모순으로부터 사람들은 행복에 대해 규정할 수 없는 특성과 동시에 그것의 실현 불가능성을 이끌어 내려 시도한다. 우리는 프로이트에게서 확인할 수 있는 것처럼 플라톤과 칸트에게서, 쇼펜하우어와 사르트르에게서 이런 부정(否定)을 확인하였다. 다만 아리스토텔레스·스피노자 그리고 에른스트 블로흐만이 그 문제를 기초에서 **다시 시작하도록** 우리를 격려했다. 그래서 우리는 행복에 대한 욕망은 당연히 욕망 자체와 관련된 것이며, 이 욕망은 **또한** 성찰 능력이라는 것을 알았다. 의식의 이런 능력, 즉 의지가 아닌 전환, 반성적 결정과 전도 행위가 어떻게 우리가 상기시킨 이의들에 답할 수 있게 하는가?

전환은 행복의 실현을 위한 도구이자 이런 반대에 답할 수 있게 해주는 개념이다. 이것은 이론상의 난점을 제거하며 드러난 장애를 극복하게 한다. 사실 이것은 우리의 모든 지적·감정적 관점을 바꿔 놓음으로써 세상과 우리 자신에 대한 개념을 근본적으로 수정하는 것이다. 이렇게 해서, 전도된 태도이기도 한 반성적 태도로의 이행은 빠르게 지나는 순간과 지속되는 영원, 사회적 억압과 개인의 자유 사이의 근본적인 두 가지 대립이 단지 인위적 대립이라는 것을 확인하게 해준다.

전환은 두 가지 의미에서 반성적이다: 중재와 지적 작업으로서, 그러면서도 또한 거울 속에서의 시각적 반영과 반사로서. 이런 이유로 전환은 자신에게로 되돌아오는 지적(知的) 작업인 동시에 시각적으로 좌우 대칭의 전도된 이미지에서처럼 소재

---

10) 참조. V. 장켈레비치, 《내가 무엇을 아는가와 거의 아무것도》.

(素材)의 역전이며 전도의 작업일 수 있다. 예를 들어 지성의 명령에 따른 자발적 일상의 태도는 실패가 주체를 향해 오는 객관적 사건, 즉 (고용주나 판사에 의해 공식화된) 외부의 판단, 결정적이고 내재적인 방법으로 사회 속에서 주체의 위치와 가치를 규정하게 될 판단으로 간주할 것이다. 고통스러운 경험, 심지어 위기는 이런 실패에서 나온다.

반대로 전환을 통해 주체의 지적 관점에 있어 역전과 전도가 수행될 것이다: 바라던 직업이나 추구하던 학위가 더는 그 자체로 가치가 없지만, 주체를 **위해서**, 즉 주체에 의해서 유용하다. 이때부터 '실패'라는 말은 의미를 변화시킨다: 이것은 가설적이며 조건부적이다. 만일 주체가 자신의 관점을 전도시킨다면, 그가 추구하던 직업이나 학위는 매력적인 가치가 '달아나거나' 없어질 것이다; '실패'는 사라지게 되는데, 그 이유는 주체가 다른 계획을 만들 것이기 때문이다; 그는 직업이나 학위에 의해서만 규정되지 않는다는 것을 깨닫게 되면서, 자신의 가치는 결정된 계획들에 달려 있는 것이 아니라, 그 자체로는 어떤 내적 가치도 없는 계획을 만들고 목표에 가치를 부여하는 자신의 능력에 달려 있다는 것을 깨닫게 될 것이다. 그래서 전환은 사물과 주체 사이의 일상적 관계의 역전, 즉 지식과 행위에 대해 행해진 지적 습관의 전도이다.

이와 같이 시간에 대한 우리의 습관적 관점을 전도시키고 역전시킴으로써, 우리는 '순간'과 '지속'이라는 시간이 우리에게서 기쁨과 고통을 앗아가 아무것도 아닌 것으로 만들 외적 현실이 아니라, 능동적인 우리 존재의 소재 **자체**이며 우리 행위의 영원한 본질이라는 것을 확인할 수 있다. 우리가 우리의 육체인 것처럼 우리는 시간**이다**.[11] 그러나 우리는 또한 성찰이다. 그래서 우리는 결과물로 시간을 얻게 되며, 우리가 항상 정해 둔 것, 즉 선택과 가치를 이 시간에서 얻게 된다. 그렇게 함으로써, 우리는 일상적 시간의 흐름 안에서 영원히 시간을 초월하여 살아갈 수 있다: 우리의 존재는 순간을 넘어서며, 우리 존재는 그 순간들을 인격에 통합시킴으로써 시간으로부터 풍부해진다.[12] 우리는 빠르게 지나는 기쁨의 순간들 속에서 절대적 창조자인 동시에 영원한 주체인데, 그것은 우리가 통합된 이런 순간들에 대해 의식하는 심사숙고하는 창조자이기 때문이다.

성찰에 부여된 새로운 탁월함만이 우리로 하여금 '영원'[13]과 현실을, 강렬함과 영속성을 얻게 해줄 수 있다. 그러므로 성찰만이 우리 자신을 일시적 현실인 동시에 그 현실과 동일한 실체로 통합할 수 있게 해준다. 성찰은 또한 능동적 기억이며 기간 안에 순간들의 통합인 동시에 개인의 정체, 정확히 말해 주체 속으로 기간의 통합이다.

시간 속에서 강렬하게 경험한 순간과 행복의 영원한 기간을 대립시키면서, 염세주의자들이 잊고 있는 것은 우리가 주체라

---

11) 가브리엘 마르셀은 그의 《형이상학지(紙)》와 《존재와 소유》에서 기독교의 실존적 철학자로 자신을 표현하면서, "나는 나의 육체이다"라고 제시함으로써 프랑스 현상학의 길을 열어 놓았다.

12) 참조. 바슐라르, 《순간의 직감》, 그리고 베르그송, 《의식의 직접적 소재에 대한 소고》.

13) 참조. 스피노자, 《윤리학》, V, 23. "우리는 우리가 영원하다는 것을 느끼고 경험한다(즉 실제로 시간을 초월하는 것이지 불멸이 아니다)."

는 사실이다: 즉 욕망의 과정을 통해, 경험의 시간성을 넘어, 우리의 모든 경험과 우리 자신을 동일화하는 통합으로서의 반성적 활동이라는 것이다. 예를 들어 만일 내가 도시 건축가나 생물학 분야의 연구 의사, 혹은 교향악단의 구성원이라면, 나는 염세주의자들이 암시하는 분산되거나 점차적으로 소멸되는 느낌을 갖지 않을 것이다; 흥미롭게 선택되고 행해지는 나의 직업은 연구나 창의에 있어 내 노력과 기억의 연속성을 내포한다. 또한 내 기억과 노력의 연속성은 내 인격과 정체의 기초이다. 나의 존재는 정확히 말해서 주거 도시를 건설하고, 백신을 개발하고 배포하며, 음악의 우수성을 언제나 더 많이 획득하고 알리는 것이다. 그래서 나는 이런 창의적 연속성으로부터 나의 기쁨을 만들어 낸다. 극적인 기쁨(악곡을 연주할 때, 전염병이 돌고 있는 중에 백신을 개발할 때, 혹은 도시 계획 프로젝트를 성공적으로 실현시킬 때)의 중요한 순간들을 통해 지나간 내 작품들에 의해 성숙되고, 현재의 활동 안에서 표현된, 미래로 열려진 내 전 인생의 지평선 위에서만 그 의미와 진실을 이해하게 된다는 것을 어떻게 알 수 없단 말인가? 내 기쁨의 빠르게 지나는 순간들을 만들고 풍부하게 해주는 것은 바로 (음악이나 지식, 관대함에 목마른) 내 정체의 연속성이며 영구성이다. 그러면 이런 순간들은 시간에 의해 '사라지지' 않으며, 그것들은 현재의 내 인격에 통합되며, 나의 인격을 풍부하게 해주며, 또 그것을 만들어 간다. 연구(또는 창조)는 살아 있는 모든 시간 동안 극적이고 드문 발견과 감사의 기쁨을 만들며 풍요롭게 해주는 어렵고도 힘든 기쁨일 수 있다. 이렇게 해서 우리가 욕망이며

성찰이기 때문에 우리는 우리 자신과 동일한, 즉 순간적이며 영원한 주체이다. 기간을 넘어선 영구성이 역설이 아닌 것은, 이 영구성이 개인으로서 그리고 주체로서의 우리 정체성에 대한 정의(定議)이기 때문이다. 마찬가지로 순간은 역설이 아니다. 그 이유는 순간은 욕망의 재료인데, 우리의 성찰은 이 욕망의 재료로 영구성과 정체성을 만들어 내기 때문이다.

이처럼 '완전한 순간들,' 크게 열광하는 엄청난 순간들(열대 지방 아래로 번쩍이는 붉은 태양이 비치는 광경으로 인한 심미적 충격, 혹은 어떤 마을에서 알록달록한 장터의 순간적 황홀, 혹은 어떤 만남을 통한 순간적 일치감 같은)은 필연적으로 사라져야 할 운명인 우수에 젖은 순간들과는 관계 없고, 오히려 우리 인격을 만들고 가꿔 주는 감정적이고 미적(美的) 자양분, 영적(靈的) 자양분으로 이것을 가능하게 하는 조건이 되는 인격과 소양의 기초 위에서만 가치를 건네준다.

억압의 제거

같은 방법으로 염세주의자들은 우리가 깊이 생각하는 주체들이라는 것을 잊고, 그들은 자유와 억압을 대립시킨다. 반대로 우리 관점은 반성적 전도에 대해 새롭게 고려함으로써 자유에 두 가지 단계가 있다는 것을 이해하게 된다(앞에서 이것을 알아보았던 것처럼). 만일 억압은 사라지지 않고 의미가 변한다 하더라도: 그 억압은 자유에 의해 설정되고, 이 자유에 의해 억제되어 반성적이 되는 종속이다.

실직(失職)의 예를 들어 보자: 사회는 부정할 수 없는 억압을 이것에 행사한다. 그러나 만일 행복이 (우리가 살펴보겠지만) 독립된 인격을 발휘하는 데 있다면, 확립해야 할 중요한 일은 상황에 제기된 그 해답의 자율성이며, 또한 억압이라 불리는 상황 설명에 기울인 창작의 개인적 요소이다. 이런 개인은 상황이 정해져 있어서 결코 일자리를 찾을 수 없을 것이라 여길 것이다(이것은 그의 자유로운 선택이다); 그래서 그는 개인의 행복에 반대되는 사회적 결정론에 대해 말하게 될 것이다. 그렇지만 다른 개인은 (역동적이며 창의적인) 주체로서 곰곰이 생각하면서 투쟁할 것이다: 그래서 그는 자립의 방패가 되고 동시에 이미 시작된 이 자립의 훈련이 될 새로운 관점에 따라 자신의 직업이나 활동, 교육, 연구 장소를 찾거나 **만들어 낼 것이다.**

이처럼 자발적 자유는 **심사숙고하는 자유,** 즉 **참된** 욕망에 의해 활기를 띠는 동시에 근본적으로 성찰에 의해 쇄신된 제2 단계의 자유가 된다; 이 성찰은 자기 자신에게로의 회귀로, 전에는 알지 못했던 자신의 능력에 대한 파악이며, 지적인 작업으로 '객관적'이라 불리는 세계에 대한 새로운 의미와 새로운 가능성을 발견하고 발명하는 것이다. 이때부터 반성적 자유는 새로운 통로(자유에서 그리고 세상에서)를 끌어낼 수 있을 뿐 아니라, 객관적 '결정론'을 자신에게 이롭게 사용할 수 있을 것이다: 구직 시장의 '침체'는 새로운 직업의 창출이나 생산성 있는 장거리 여행을 하는 기회가 될 수 있다.

그래서 행복과 자유를 위한 투쟁은 결정론 사상 앞에서 사라지지 않는다; 반대로 결정론과 자유 사이에 분명히 드러난 모순을 제거함으로써 그 투쟁이 가능해졌다.

　일단 덧없는 순간과 영원한 기간, 혹은 행복에 관한 객관적 결정론과 주관적 욕망을 대립시키는 것 같은 모순들을 제거함으로써 행복 추구가 가능해지면, 위에서 언급했던 두 가지의 다른 이견에 답할 일이 남아 있다: 행복은 **규정할 수 없을 것**이고, 그래서 그것은 **실현될 수 없을 것**이다.

　우리는 이 두 가지 이의에 대해 단 하나의 움직임 안에서, 이 움직임을 통해 답하려고 한다: 우리는 기쁨과 행복을 새로운 관점(욕망으로 인해 구체적이고, 성찰로 인해 개념적인)에서 정의하려 한다. 그리고 이 새로운 내용을 현실 속에 어떻게 새겨 넣을지 보여주려 한다. 이렇게 해서 **정의(定議)와 실현**은 하나의 동일한 행위를 형성할 것이다.

　그렇게 되면 우리는 욕망과 성찰의 개념들 사이의 상호 함축 관계를 더 잘 이해하게 될 것이다. 이 개념들은 주체 자신과 같은 통합된 주체의 통일적 행위, 주체가 채택하는 태도에 따라 이 주체에 의해 **다른 방법으로** 강조된 행위를 가리킨다. 삶과 자발적 행위로서 그는 단순히 의식 있는 욕망이다; 위기와 전환으로서 그는 욕망이며 성찰이다; 자립적이며 스스로에 의해 형성된 존재로 그는 반성하며 재구성된 욕망이다. 창조와 지식의 행복한 활동(예를 들어 개인이 스스로에 대한 비판과 재구성을 수행하는 '자유롭고' 또는 '예술적' 직업)은 스스로를 역동적 욕망이면서 동시에 창조적 성찰로 펼쳐 보이면서 하나의 존재가 도달할 수 있는 고상한 수준의 좋은 예가 될 것이다.

사람들은 그것을 알게 된다: 의식은 사물도 기계도 아니다. 그것은 욕망에 의해 '본질적'이고, 성찰을 통해 자각하게 된다. **욕망**은 의식의 **질적 본질**이다. 반면 성찰(우선 반사율, 다음으로 반성)은 자신과 세계를 현재화하는 **활동**, 사물이 아닌 욕망인 이 본질, 즉 의식 그 자체에 의해 행해진 활동이다.

그리고 욕망은 의식의 질적 본질이기 때문에 이 욕망은 동시에 자유의 본질이기도 하다. 이 자유의 본질은 의식의 자발성, 즉 자신으로부터 밖으로 나오는 자립적 움직임이며, 행위와 가치들이 우연히 만들어지는 자립적 움직임이다. 우연적이며 자유로운 이 의식은 반사율로서, 그러나 의식의 창의성에 있어 그 우연함 함께 스스로에게 현존하는 욕망이다.

두 가지 형태(혹은 단계)의 자유가 상호적 관련 속에서 두 가지 형태의 욕망에 해당한다는 것을 이해하게 해주는 것은 바로 (갈망하며 동시에 반추하는) 이 의식 단위이다. 제1의 자유(일상의 의식 그 자체)가 욕망-반사율에 해당한다면, 정당한 의식 혹은 두번째 자유, 즉 욕망으로 본질적인, 성찰로 인해 독립적인 이 존재는 욕망-성찰에 해당한다. 바로 이런 본질적 존재가 '실존'에, 즉 행복과 기쁨에 도달할 수 있다.

III

기쁨의 내용과 행복한 존재

1. 행복과 기쁨

반성적 결정의 결과물인 철학적 전환은 그래서 자기 자신의 삶을 새롭게 시작하는 주체의 설립이다. 구체적으로 이것은 주체 자신에 의해 존재하려는 욕망과, 완전함과 의미를 향한 움직임의 실현이다.

일반적 의미에서 우선 파악된 **행복**은 바로 이 철학적 전환에서 만들어진다. 행복은 그 자체를 심사숙고하여 충족되고 뜻깊은 것으로 간주하며, 삶 그 자체를 있는 그대로 느끼는 삶의 총체적 형태이고 의미이다. 행복은 의식이 실제로 삶의 다소 먼 곳을 향해 앞질러 갈 때, 그리고 의식이 경험하고 경험중에 있는 시간의 전부나 일부를 획득할 때 의식이 겪는 느낌이다. 그래서 행복은 현실에 존재하는 개인에 의해 일정 지속 기간 동안 개인의 삶의 반성적 불안인 동시에 현재에 대한 자각에 의해 파악된 존재의 이 모든 것과 관련된 완전하고 만족스러운 질적 느낌이다. 이미 완성되고 경험한 모든 행위와 모든 느낌들과 함께, 자신에 의한 스스로에 대한 반성적 파악인 행복은 동시에 실제 현실로서 그리고 일시적 존재로서 인식하는, 정체성과 만족감에 대해 동일한 느낌을 갖고서 지속되고 지속해 왔고 지속될 현재로 스스로를 인식하는 현 주체의 질적(質的) 느낌이다. 다시 말해 행복은 성찰 명령과 동시에 존재 명령에서 나온 것으로, 충족된 것으로 인식하는 욕망이면서 완전함으로 생각되는 실존이다.

이와 같이 행복은 존재의 경험이다: 의미와 완성으로서 그 존재의 전개 자체에 대한 반성적이고 질적인 불안이며, 자기 삶의 전부를 향해 현재를 능가하고 현재 경험에 비추어 삶을 걱정하는 개인적 주체에 의한 것이다.

행복은 결과적으로 이 삶의 실제 주체, 즉 실존자가 삶의 긴 노정(路程)에 대해 하게 되는 반성적이고 질적인 염려이다. 이것은 주체가 현재의 완전함을 실존의 일시적 의미에 통합시키는 범위 내에서 이 노정의 주체에 의해 완성되고 파악된 실존적 노정과 여정의 완전하고 완성된 양상이다.

실제로 경험한 자신에 대한 이런 느낌이 삶의 한 시기에 있어 전체나 혹은 부분적 총체에 통합되는 것이 구체적인 의미를 갖기 위해서; 현실에 만족한 의식이 이 현실을 구체적으로 자기 고유의 삶의 전체에 통합시킬 수 있기 위해서는, 분명 현재에 대한 의미와 고려된 일시적 총체의 의미 사이에 일치가 있어야 할 필요가 있다. 어떤 개인이 "나는 행복하다"라고 정당하게 말할 수 있을 때, 이것은 그가 실제로 만족하고 충족됐다는 것과, 그가 일시적 삶의 여정에서(항상, 혹은 어떤 만남 이후로, 재고(再考)된 어떤 사건 이후로, 또는 신중한 어떤 결정 이후로) 자기 자신에 대한 긍정적 느낌을 정당화하는 것과 **같은** 깊이 고려된 **의미**를, 그것과 같은 실제적 경험을 두려워한다는 것을 의미한다.

그래서 행복은 단순한 판단, 이 삶의 주체에 의해 어떤 인생의 총체에 대한 반성적이고 현실적인 단순한 **해석**일 수 없을 것이다; 이것은 지나간 실존에 대한 긍정적 해석, 평가 또는 판단으로 축소될 수 없을 것이다; 이것은 또한 경험하고 있는 중에 있는 현재와 이미 경험한 과거 사이의 실존적 일치라는 분명한 느낌을 함축해야 한다. 행복은 (만족스럽고 의미 있으며 자유로운) 존재의 일시적 전개라는 의미로서, 완전함과 의미로서 **실제로 경험**되어야 하고, 실제로 주체의 과거 안에서 그의 일시적 연속성 안에서 **이미 경험**된 것으로 인정되어야 하는 실제의 재료로 구성돼 있다. 이미 경험한 것, 여전히 경험되고 있는 것 앞에 있는 것으로 생각되는 행복에 대한 실제적이고 체험된 필수적 재료는 기쁨이다. 이처럼 개인의 본질인 욕망은 기쁨이 되어야 하는데, 즉 행복의 요소로 재료를 만들기 위해 충족된 욕망이 되어야 한다.

행복은 이미 경험하고 아직 경험중에 있는 것에 대한 의미로서 실제 경험되고 실제 파악된 기쁨을 통해서만 구체적 의미와 현실적 실존을 부여받는다. 기쁨만이 행복의 증거, 행복의 본질, 그리고 그 실체이다.[1]

주체가 자신의 실존에 대해 행복하다고 말할 수 있는 것은 바로 실제로 경험한 기쁨을 통해서이다: 그 이유는 이 행복한 실존은 이미 경과되어 의미 있었고 즐거웠던 것으로 거슬러 올라가 능동적으로 파악된 실존이기 때문이며, 깊이 고려해 볼 때 의미 있고 즐거워야 할 것으로 예견될 수 있기 때문이다. 왜냐하면 기쁨은 우리를 현재 순간에 가둬 놓을 수도 있는 수동적 사건이 아니라, 현재를 과거로 실어나르거나 그 현재를 미래로 연장시킬 수 있는 의식의 역동적 행위이기 때문이다.

또한 기쁨은 실제의 경험이고 풍부함과 완전함 속에서 정확히 묘사될 수 있는 실존적이고 현상학적[2] 소재이기 때문에 이 기쁨에서 비롯하여 행복의 요소들에 관한 정확한 묘사와 정의를 내릴 수 있다.

행복은 불가능할 뿐 아니라 정의내릴 수 없다고 단정할 수 있다고 믿는 염세주의자들은 행복의 소재가 기쁨이라는 것, 이 기쁨은 생각할 줄 아는 의식의 경험으로서 그 행복의 의미 이해와 그 행복의 질적 내용의 표현에 아주 잘 닿을 수 있다는 것을 다만 잊고 있는 것뿐이다.

---

1) 우리는 앞에서 욕망은 의식(혹은 주체나 개인)의 본질이라는 것을 보았다. 여기서 기쁨은 충족된 욕망으로서, 의식의 행복한 본질, 즉 질적 내용과 자신에 대한 경험으로서의 행복이다.

2) 의식에 나타나는 것이 '현상학적'인 것으로, 이것은 의식이 내부적으로 자각하는 것이다.

2. 본질적 행위로서의 기쁨

만일 염세주의철학자들이 좀더 자세히 기쁨의 경험에 대해 심사숙고했다면, 행복에 대한 그런 개념을 발전시키거나, 소위 난점이라는 것을 강조하지는 않았을 것이다; 그들이 진정한 삶에 대한 강렬한 욕망과 절대적으로 바랄 만한 것에 대한 열렬한 탐구에 답할 수 있는 그런 내용, 생각할 수 있는 구체적인 그런 내용을 행복에 표명하지 않고서는 우리의 욕망을 불러일으키지는 못했을 것이다.

오늘날, 아리스토텔레스가 쾌락에 부여했던 이런 완성과 완벽함을 행복에서 알아보기 위해 기쁨과 쾌락을 결합시킨 것이 우리에게는 충분하지 않다. 에피쿠로스파들이 그런 것처럼 기쁨을 쾌락으로 축소시키는 것, 그것은 기쁨의 반성적 범주를 모르는 것(충족된 이 욕망은 실제로 있는 그대로 욕망 그 자체에 대해 의식한다)이며, 그 기쁨이 의식을 통합시키는 사건이라는 사실을 모르는 것이다. 쇼펜하우어처럼 '명상의 기쁨'이나 사르트르처럼 '사랑의 기쁨,' 그리고 심지어 베르그송처럼 '창조의 기쁨'을 단순히 **떠올리는 것**은, 그 기쁨을 해명하려는 노력을 기울이지 않고 다만 의미의 핵심만을 찾아내는 것이다. 어쨌든 사람들은 기쁨에서 중심이 되는 근본적 중요성을 깨닫지 못하고 있다. 스피노자의 철학만이 결정적이며, 동시에 본질적이고 근본적인 위치를 기쁨에(또한 기쁨의 긍정적 형태인 욕망에) 마련해 주고 있다. 스피노자의 모든 윤리는 기쁨의 윤리이며, 그의 모든 철학은 기쁨과 지복(至福)[3]의 윤리이다. 만일 우리가 이전의 분석에서 스피노자의 철학을 참조하지 않았다면, 스피노자 철학의 영향을 바탕으로, 17세기가 할 수 있었던 것보다 더 멀리 우리의 사고를 실어나르는 것이 가능해 보였기 때문이다. 사실 기쁨을 존재하는 힘의 확대로 정의하는 것이 아마도 충분하지 않을 수 있다. 오늘날, 기쁨을 덜 고전적인(기쁨은 에너지가 축적된 단순한 이완 상태일 수 있는 힘의 구조를 덜 연상시키는) 용어로 묘사하는 일이 가능할 수도 있다.

반대로 우리는 기쁨에 대해, 기쁨이 하나의 행위라고 말하겠다; 그리고 행복에 대해서는, 기쁨의 행위들이 본질적 행위일 때 이런 행위들의 총체로 행복이 구성된다고 말하겠다.

우리는 다음의 표현에서처럼 **본질적 행위**를 보통 **느낌**이라는 용어로 지칭되는 것이라 부른다: '기쁨의 느낌' '사랑의 느낌' 등등. 그러나 느낌이라는 용어는 의식의 진정한 활동을 수동적 감수성의 상태로 축소시킨다: 개인은 다른 존재, 세상, 자연에 대해 느끼는 것을 적극적으로 바란다. 이 욕망은 능동적인데, 그것은 자신을 즐겁게 하는 사건들에 가치를 부여하는 것이 바로 그 개인이기 때문이며, 기쁨이나 사랑이라는 **지향적** 태도에 포함되는 것도 바로 그이기 때문이다. 그래서 느낌은 행위인데, 그것은 이 행위가 지향성의 명령에서 나오는 것이

---

3) 참조. 로베르 미스라이, 《스피노자 철학에서 욕망과 성찰》(1972); 《스피노자: 기쁨을 통한 행복의 여정》(1992); 스피노자의 《윤리학》; 《철학사전》(프랑스대학 출판사)에서 '스피노자' 항목.

고, 시간의 능동적 흐름을 관통하여 삶과 행위에 있어 자유로이 선택되고 자유로이 유지되는 태도이기 때문이다. 이런 면에 있어, 필요와 이 필요를 만족시키는 것에서 나오는 수동적 순수 쾌락과 대조를 이룬다.

우리가 생각하는 기쁨, 한 존재의 행복을 구성하는 요소가 될 그것은 정말 이 모든 의미를 함축하고 있는데, 그 기쁨이 능동적 느낌이기 때문이다. 그러나 행복한 존재가 지속적인 총체 속에 통합되어야 하기 때문에, 우리는 그것에서 추가의 특성들을 알아야 한다. 그것은 단순한 능동적인 느낌 그 이상이다. 그 이유는, 우리가 그것을 새롭게 본질적 행위로 지칭하고 구성하기 때문이다.[4]

행복한 삶을 만들 수 있는 본질적으로 다른 행위들을 지칭하고 묘사하기 전에, 의식의 이런 행위의 내용과 의미를 간략히 서술해 보자.

기쁨(쾌락이 아닌, 쾌락에 한정된 즉각적인 기쁨들)은 하나의 행위인데, 그것은 이 기쁨이 외부에서 단순히 **받은** 사상과 가치를 넘어 자신의 자립을 제기한 의식하는 주체를 함축하고 있기 때문이다. 주체는 자신의 가치를 정하고, 그가 자기 존재에

---

4) 분명 우리는 스피노자 철학의 본질을 또한 염두에 둔다. 이 철학의 본질은 무한하고 절대적인 창조되지 않은 사실, 영원한 **자신의 대의**, 즉 존재하기 위해 그리고 생각되어지기 위해 그 자신 이외에 다른 어느것도 필요치 않은 신이다. 그는 무한한 사고이며 무한한 연장(延長)이다. 그리고 모든 다른 속성들은 알려져 있지 않다. 그래서 그는 **모자라는 것이 없다**: 완전함과 완벽함. 이 본질은 우리에게 **은유**와 같은 가치가 있는 것이 분명하다.

부여하기를 원하는 의미의 출처와 기원으로서 파악되었다.[5] 이 것에서 비롯하여, 그는 자신의 기쁨을 만드는 논리의 타당성의 근거라는 사실을 알고 있다: 이 기쁨은 그 자신의 활동의 산물이다; 또한 이것은 세상(예를 들어 사랑하고 기다리던 존재의 도착)과 그 자체(스스로를 기쁘게 하는 사랑이나 우정을 만드는 이유들에 대한 자유로운 근거로서)에 대해 즐거워한다.

기쁨은 여기서 하나의 행위인데, 그것은 이 기쁨이 **자립적**이기 때문이기도 하며, 이 기쁨이 **하나의 의미를 제기하기** 때문이기도 하다; 이것은 당연히 의식의 어떤 활동의 산물인 의미와 가치를 내포한다: 가치의 윤리적 미적 기준을 생각해 내는 것은 바로 이 기쁨이다. 바로 이 기쁨이 그 기준을 참조하고, 그 기준을 선택하며, 그것에서 영감을 받는다.

더욱이 이런 활동은 기쁨에 대한 (반성적이고 직감적인) 밀착을 한층 더 배가(倍加)시킨다: 다른 사람을 만나는 것을 기쁘게 여기면서, 의식은 자신의 기쁨에 밀착하고, 의식은 그것으로 행복해하며 그것을 확인한다. 이런 판단은 순전히 지성적인 것은 아니다. 이것은 직감적으로 의식을 형성하는 기쁨과 그 이유들의 합법성으로 파악된다.

또한 우리는 이런 행위는 **본질적**이라고 말한다. 여기서 이 용어는 알아듣기 쉬운 은유 가치를 갖고 있다. 자율적 기쁨의 행위는 사실 **완전함**처럼 경험되고 파악된다. 그래서 이것은 주체에게 질적이며 개인적 밀도(密度), 내적 안정성과 일관성을 준

---

5) 우리는 **모두에게 접근할 수 있는** 철학적 전환 뒤에 처해 있다.

다. 그래서 기쁨은 충족된 욕망으로서 자신에 대한 두려움, 세상에 대해 그리고 충족된 기다림에 대해 동시에 행해하는 환희이다. (결별이나 상실 혹은 염려를 통해 경험하는) 결핍이 사라지고, 그러면 주체는 스스로를 완성으로 인식한다. 이것은 그가 자신의 의식의 일시적 흐름을 멈추기 때문이 아니라, 실제로 그를 충족시키고 바라던 만족감이 그 자신에게 있음을 느끼기 때문이다. 자립 또는 자기 자신과의 일치로서 심사숙고된 그의 욕망은 기다리던 사물이나 존재, 상황을 획득함으로써 만족감의 완성으로 파악된다.

충족된 욕망의 거의 본질적인 이런 밀도는 기쁨이 중단(中斷)이 아니라 활력으로 느껴진다. 시간은 그것의 흐름을 따른다. 그렇지만 시간은 파괴자가 아니다. 그것은 **자체의 움직임**이다. 즉 의식 그 자체와 일치하는 의식의 지속성 안에서의 움직임이다. 또한 그것은 역동적 주체의 정체성을 통해 같은 욕망, 같은 기쁨이 가까운 과거로부터 활동중인 현재를 거쳐 가까운 미래를 향해 펼쳐 있는 것이다. 의식의 움직임은 중단되지 않는다. 그렇지만 의식은 **현재** 속에서 하나의 **존재**로 그 자체를 온전히 느낀다. 이 존재는 충족되고 일시적이며, 동시에 밀도 높고 역동적이며, 심사숙고하면서 직감적이다.[6]

이런 수준의 의미와 강렬함에, 의식은 시간의 흐름을 쉽사리 통합시킨다. 의식은 심지어 (의식의 기쁨과 의식의 일치 속에서)

---

6) 우리는 신비로운 황홀감이 아니라, 자신과의 일치라는 직감적 판단과 세상을 향한 승인이 동반된 실존적 쾌락의 극단의 느낌이라고 묘사했다.

시간으로부터 벗어난 것처럼 파악되기도 한다: 의식은 자기 삶의 영원한 의미를 강조하는 경험을 겪기도 한다. 그것은 이 의식이 의미를 역전시킨 같은 사건들과 같은 가치들을 언제나 또한 여전히 즐기고 있기 때문이다. 그래서 본질적 행위로서 기쁨은 우리를 구성하고 있으며, 그렇기 때문에 우리를 영원한 차원 속에 새겨지는 시간을 '초월'하게(능가하게 그리고 통합하게) 한다. 모든 것이 우리가 '일종의 영원함,' 즉 진정한 실체성에 도달한 것처럼 진행된다.

이제 우리는 본질적 기쁨인 이런 설립 행위의 가능한 다른 내용을 명명하고 묘사할 수 있다. 우리는 모든 것에서 그리고 모든 행복한 활동에서 보여지는 그대로 이 기쁨을 구체적 보편성으로 서술했다. 이제 우리는 기쁨의 실제적 재료이며, 실제적인 방법이나 수단인 이 활동들 각각을 서술해야 한다. 우리 문화에서 행복이 추상적 개념이거나 금기(禁忌)이기를 중단하려면, 행복을 구체적인 방법으로 우리가 막 확립해 놓은 개념적 도구들을 가지고 서술하는 것이 합당하다. 이런 구체적 서술이 기쁨의 현상학, 즉 기쁨의 행위들의 현상학, 그것의 특유한 행위들 속에서의 기쁨의 현상학이다: 바로 이런 특유의 행위들 자체가 본질적인 것으로 경험된 것이다. 밀도 높고, 견고하며, 의미 있는 것이다.

3. 기쁨의 다양한 행위들

활동으로서의 철학

우리의 까다롭고도 실제적인 관점에서, 우리가 말하는 극단의 기쁨을 가져다줄 수 있는 활동들은 지금까지 정의해 온 기준에 부합해야 한다.

그러나 이 기준들은 철학에 의해서만, 즉 기쁨으로의 전환과 진정한 삶의 설립에 전념하는 철학으로서 철학적 활동에 의해서만 규정될 수 있었다.

이것은 본질적 최초의 행위가 행복과 행복한 존재를 규정하고 그것을 가능하게 하며, 실현하려고 노력하는 철학적 활동으로서, 철학적 활동 자체에 의해서 형성된다는 것을 말한다.[7] 더 바랄 만한 것으로 인정된 기쁨을 줄 수도 있는 본질적 최초의 행위는 반성적 활동 그 자체이며, 이 활동을 통해 이 기쁨과 더 바랄 만한 것의 조건이 규정되고 성립된다.

기쁨의 최초의 활동, 본질적 행위일 수 있고, 그래서 의식에게 완전함과 의미를 주는 최초의 활동은 그러므로 확립 활동이다. 철학은 우선 가치를 **확립하는** 행위이며, 주체가 그 가치의

---

7) 이것은 스피노자가 (지복이 될) '참된 선'을 규정하고 도달하려고 노력하면서, 이에 대한 연구와 성찰이 그 자체로 '진정한 선'에 **이미 포함된다**는 것을 깨달을 때, 그가 인정한 바로 그것이다.(《이해력의 개혁에 관한 개론》, §7)

유효성을 확신하고 그 가치가 실현될 거라는 가능성으로 이끄는 행위이다: 확립하는 이런 행위는 그 자체로 하나의 기쁨이며, 그래서 본질적 기쁨이다.

확립하는 일은 기쁨이다. 그 이유는 단단한 기초 위에 자신의 삶을 건설하는 일은 기쁨이기 때문이다. 그래서 확립 활동은 성찰이라는 자신의 고유한 활동을 통해 주체에게 기쁨을, 우리에게 우리의 삶을 제어하게 하는 이해와 지식에서 나오는 그 기쁨을 준다.

주체, 욕망, 그 욕망의 기쁨에 관계되는 것으로서의 철학은 그래서 기쁨의 조건과 내용들의 결정이며, 동시에 동일한 이 기쁨에 대한 이미 현실의 실제 경험이다. 철학은 성찰, 질문, 창작에 대해 자유롭고 개방된 활동으로서 이미 이 철학을 통해 철학이 권하는 것을 실현하는 일이다. 다만 이 철학이 삶 그 자체에 대해, 그리고 새로운 삶의 설립에 대해 생각해 보도록 제안할 필요가 있다.[8] 철학은 본래의 기쁨을 가져다주는데, 그것은 철학이 새로운 시작, 즉 **완전히 다른 것**으로서의, **재생**(再生)으로서의 가치가 있는 대단히 만족스럽고 의미 있는 실존을 만들기 위한 노력이기 때문이다.

이런 반성적 사고는 자립과 기쁨에 대한 연구를 통해 자립의 기쁨을 가져다주어, 우선은 어렵고 엄격한 것처럼 보일 수 있다. 이런 어려움은 이것을 통해 달성하게 되는 강하고 강렬한

---

8) 《회화》에서, 빅토르 세갈렌은 고대 중국의 거장 화가를 상기한다; 항상 술에 취한 그는 "마침내 기쁨과 삶을, 삶과 기쁨을 영원히 결합시키는 빛의 관계를 추구했었다."

기쁨의 대가이다; 그래서 이 어려움은 의식의 여정에서 의식의 발전에 따라, 이해의 증대를 이끄는 지적 즐거움의 확대에 따라 줄어든다.

철학은 끝마무리이다. 자신에 대한 이해를 통해 그리고 지식을 통해 스스로의 삶을 만든다는 기쁨은 문화라고 불리기에 합당한 것과의 접촉에서 나타나기 시작할 수 있다. 낭만주의문학·시문학·역사문학은 의미와 완전함을 추구하는 주체에게 우리 존재에 대한 점차적인 제어에서 비롯되는 세상의 풍부함과, 아름다움에 점진적으로 접근함에서 나오는 기쁨을 가져다줄 수 있다.

새롭고 즐거운 기초 위에 존재를 만들어 가려고 노력하는 철학적·문학적 연구와는 별도로 철학이나 문학·예술과의 영구적인 접촉은 이미 그 자체로 본질적 기쁨이며, 주체에게 영적인 쾌락, 개인적 밀도, 그리고 실존적 깊이를 가져다준다; 그래서 사실, 존재가 접근하게 되는 기쁨은 본질적이며 환하게 빛이 난다.

우리 관점에서 볼 때 철학적 활동은 특권을 받아야 하는데, 그것은 기쁨의 최초 행위가 단지 호기심이나 개방성에서 나온 것이어서는 안 되기 때문이다. 그것은 기초에서 나와야 한다. 행복한 존재의 설립은 완전히 다른 삶, 행복이라는 명칭을 받을 가치가 있는 근본적으로 새로운 삶을 창조할 수 있기 전에, 확실한 기초를 심사숙고하여 설립함으로 시작해야 한다.

그러나 기초와 목표에 대해 자문하는, 또한 완전히 다른 삶을 설립한다는 필요로 이끄는 반성적 활동은, 이해력의 활동인 존재·설립·실현의 욕망과 구체적 실존을 일치시킴으로써, 윤리로서의 철학 이외에는 다른 어느것도 아니다. 또한 이미 그 자체로 마련되는 본질적 기쁨은, 그 의미와 그 강렬함으로 말하자면 도달하기로 작정한 마지막 목표에 따른 것이다.

상호성으로서의 사랑

자기 자신에 대한 반성적이며 행복한 기초를 통해 온전히 존재하기를 바라는 욕망은 최초의 기초를 설립하는 데 한정되지는 않을 것이다. 철학적 활동은, 만일 이 활동이 다른 의식을 향해 주체의 삶을 열어 놓기만 한다면, 이 활동으로부터 기대할 수 있는 영구적 깊은 만족감을 줄 수 있다. 다른 사람과의 실제적인 관계만이 개인에게 각 존재에 대한 완전한 정당화를, 결과적으로는 철학이 약속하는 구체적인 실현을 제공하게 된다. 존재로서의 욕망이 열망하는 완전함과 의미는 우정, 적극적인 협력, 사랑과 같은 생동감 넘치는 관계에 의해서만 그것들이 완전히 실현된다는 것을 발견할 수 있다.

그렇지만 이런 관계는 종종 고통의 근거가 된다. 그것은 이런 관계가 일상적으로 열정이라는 형태로 발전하는데, 이 열정은 당연히 덮어 감추고 있던 모든 고통과 갈등을 끌어들인다. 인간 관계의 삶은 아주 흔히 지배를 위한 투쟁, 감정적 소외, 결핍과 폭력, 증오와 경쟁으로 구성되는데, 어떻게 하면 이 인간 관계의 삶이 본질적 기쁨을 가져다줄 수 있을까?

해답은 이미 우리가 그것에 둘러싸여 그 한가운데서 움직이고 있는 철학에 의해 제공되었다. 좀더 구체적으로 말하자면, 기쁨의 근원이 될 수 있는 우리가 희망하는 다른 사람과의 관계는 우리가 방금 상기시켰던 열정적 일상의 그런 관계는 아닐 것이다. 우리가 **전환**이라 부르는 반성적 결정과 전복 뒤에 우리가 놓여 있음을 잊어서는 안 된다. 이 철학적 전환은 단지 우리에게 우리 자신을 반성적으로 만드는 데, 긍정적 존재로서의 선택을 이행하라는 데에 있지 않다. 그것은 역시 다른 사람과의 아주 새로운 관계, 이후로는 고통의 근원이 아닌 기쁨의 근원이 될 관계를 구축하는 데 있다. 기쁨으로의 전환은 역시 다른 사람으로의 전환이다.

여기서, 관계에 연루된 각각의 의식에 대해서는 상호 관계성[9]인 관계의 본질적 현상을 강렬히 깨닫는 것과 관련이 있다. 이 상호성은 역전성(逆戰性)과 반대의 동등성이라는 단순한 일상의 관계가 아니라, 그들 위상의 동등성과 다른 사람에 대한 각각의 관계를 기초로 계약 당사자들의 공동의 이익을 구축함으로써 상업적이거나 외교적인 계약을 성립시키는 이성적 관계 (때로는 호전적이고 갈등을 야기하는)이다. 이런 역전성(혹은 법률상의 상호성)은 이성적인 반면, 우정이나 사랑의 상호성은 존재론적이다.

이런 관계는 서로간의 이익과 유리한 지위에 대한 계산이 아니라, 상대방에 의한 연인의 지성적이고 직감적인 긍정이다. 우리가 그것을 확인하는 순간, 모든 계산에서 벗어나 자발적으

---

9) 참조. M. 부버, 《나와 너》.

로 제공할 때 상대가 우리를 인정한다는 사실에서 나온 긍정적 의식이 동반된다.

이런 관대한 관계만이, 상대에 의해 인정된 연인의 탁월함을 상호 관계의 중심에 놓음으로써 본질적 기쁨을 가져다줄 수 있다.

갈등, 위신, 권력 의지에 등을 돌리는 이런 새로운 관점에서 연인은 상대방과 동일한 반성적 작업을 자신에 관해서 행해야 하는 것은 자명하다. 상호성의 즉각적 직감이 들 때, 상대의 개방성과 관대함이 우리에게 맡겨지는 명백한 느낌이 들 때 우리는 그와 동시에 상대에로의 전환을 수행한다. 상대와 우리 자신에 대한 확인은 이후로 우리 기쁨의 근원이 된다.[10]

사랑만이 줄 수 있는 존재의 기쁨과 존재한다는 기쁨의 화려한 특성은 어디서 비롯되는가?

그것은 여기서 기쁨이 풍부하고 새로운 차원을 함축하면서 상호적 승인에 의해 관련되는 것이다. 완전히 다른 이 사랑 안에서, 승인은 어떤 지배권의 확인도, 다른 누군가에 대한 복종도 아니다. 상이(相異)한 이 승인은 의식을 지닌 관련된 각각의 연인에게서 기쁨의 창조에 협력하는 두 가지 의미 혹은 의미의 두 가지 핵심을 포함한다.

사랑의 강렬하고 심사숙고된 형태에서, 연인은 우선 상대에게서 **그 자신과 닮은 존재**임을 알아본다: 그는 나와 같이 하나

---

10) 여기서는 《향연》에서 플라톤(디오티메의 목소리를 통해)이 세워 놓은 사랑과 철학의 관계를 상기해 보자.

의 주체임에 따라, 나와 같은 기본적인 관점과 같은 선택에 따라 실존 속에 있음에 나와 닮았다고 확인한다. 나는 상대를 사랑하는데, 그것은 그가 나와 닮은 현존하는 주체이기 때문이다. 자기 도취적 열정에서처럼 그에게서 나의 이미지를 사랑하는 것이 아니라, 나는 그에게서 나처럼 실존 속에 스스로를 만드는 그 자신에 의한 그 사람인 주체를 사랑하는 것이다. 상호 인정은 두 가지 의미에서 같은 확인을 수행한다. 이렇게 해서 두 사람의 의식 사이에 일치와 능동적 공유가 창조된다. 여기서 본질적 기쁨은 나를 가치로 확증해 줌으로써 상대가 나에게 주는 안정성과 정당화에서 비롯된다. 그래서 이 기쁨은 나를 훌륭하게 보이게 하는 이 상대가 나와 같은 존재라는 사실로 인해 배가된다: 그는 나처럼 의식 있는 존재이며, 그래서 내 선택들에 견줄 수 있는 선택을 수행한다. 그러나 행복한 상호적 사랑의 풍부함은 존재들의 유사함을 인정하는 일이 모순 없이 **다른 사람으로서** 상대를 확인하고 인정하는 일이 동반되는 그대로이다: 그는 나에 의해 자립적이고 독립된 주체로서 확인된다. 사랑받는 존재는 그의 특수성, 그 개별적 독특함에서 인정받고 원해지며 찬미된다. 게다가 그는 나와 같은 선택을 자기 방식대로 자유롭게 수행하는 자유로운 존재로 놓여 있다. 그는 나의 선택을 자신의 것으로 확증하고, 나의 자유와 기쁨을 자신의 기쁨과 자유로 증대시킨다.

연인의 유사함과 자립에 대한 인정은 그래서 두번째 형태의 인정이 동반된다: 너그럽고 반사된 사랑 안에서[10] 연인은 상대의 특수성을 확인하고 그것으로 기뻐한다. 사랑은 또한 그의 특수성 자체로 우리를 기쁘게 하는 상대의 개성에 대한 관대한 찬미이다. 그의 '다름'은 또한 우리 사랑의 대상이다. 이것은 그 다름이 그 자체 안에서(그의 선택, 그의 스타일, 그의 존재 방식에 의해) 소중하기 때문만이 아니라, 우리 존재와 다른 이타성(異他性)이 어쨌거나 그를 인정하고 확인하기 위해 그에게로 향하기 때문이다. 이렇게 해서 연인은 그의 유사함과 그의 특징적인 다름으로 좀더 명백하게 상냥하고 가치를 높이는 확인의 대상이 된다. 연인은 그의 다른 정체성과 실존적 유사성으로 상대를 확인한다. 여기서 개인의 밀도가 비롯되는데, 이것은 완전함과 완성된 의미로 경험된 찬양이며, 우리가 본질적 기쁨이라고 부르는, 여기서는 사랑의 기쁨인 역동적이고 강렬한 느낌이다.

이 본질적 기쁨에서 육체가 제외되지 않는다: 스피노자 철학의 지복(至福)이나 우리가 묘사하는 실존적이고 심사숙고된 사랑에서도 육체가 제외되지 않으며, 의식에 의해 육체와 정신이 동시에 행해지는 확인이 아닌 기쁨은 생각할 수 없을 것이다.

그렇지만 사랑에서 자신에 대한 의식은 종종 시적(詩的) 의식이다. 여기서 사랑의 시적 언어와 신비주의 언어 사이의 차이점과 유사점을 분석할 수 없다면, 사랑의 언어, 좀더 정확히 말해 사랑의 발화(發話) 행위는 연인들의 신체에 대한 시적 전환이며 자연의 우주적 총체 속으로 그들이 동화되는 것이라는 점만을 알아 두자.[12] 육체와 개인에 대한 찬양으로서의 이런 시는

---

11) 성찰의 지적 활동으로 반사된, 또한 거울에 비친 빛으로 반사된.

표현에 있어 극적 형식이며, 그래서 말은 기꺼이 이런 형식의 사랑을 나타내는 표현을 취하는데, 이것은 그 말이 극적인 형태의 기쁨을 말하고 전달하게 돼 있기 때문이다.

사람들은 생 종 페르스가 사랑에 대해 '존재의 행복'으로 떠올린 것을 기억한다. 앞에서의 분석 이후, 우리는 행복의 의미와 그것의 기쁨과의 관계를 정당하게 규정하기 위해 충분히 심사숙고된 실존적인 관점에서만이 이런 표현이 그것의 전 의미를 포함한다는 것을 알 수 있다. 관대함과 성찰이라는 새로운 관점으로 영향을 받은 사랑만이 현존하는 경험으로서 정말 본질적이고 영구적인 기쁨을 전개시킬 수 있어서, 이 기쁨은 실제로 존재들에게 그들 실존 전체의 완전함을 부여할 수 있다. 그래서 행복은 **존재한다는 느낌**, 즉 그 자신의 실존 전체가 역동적이고 순간적이 되도록, 시간을 통해 그리고 자신의 기쁨을 통해 의식 자체에 대해 잘 알고 있는 의식의 반성율을 통해서 그에게 부여된 한 존재로서의 밀도에 도달했다는 한결같은 느낌이다. 가능성의 조건이며 내면의 자연이기도 한 행복의 조건은 그래서 **현재에** 행위와 즐거움으로 실제 경험되고, 동시에 의미와 완전함으로 존재의 전체에 확산된 본질적인 그 기쁨이다. 행복은 현재 속에 존재 전체 위에 본질적인 찬란하게 빛나는 기쁨을 비추는 광채이며 의미이다.

---

12) 전 세계의 시는 본질적으로 사랑 노래로 구성돼 있다. 우리 문화권에 있는 그 최초의 노래들 중 하나를 인용해 보자: 〈아가(雅歌)〉(성경, E. 돌므의 번역, '플레야드 총서' 모음집, 갈리마르, 1967, 1447쪽).

심사숙고된 행위

사랑의 전개를 통해 내면의 일관성이나 삶의 의미, 그리고 기쁨의 강렬함에 정착한 주체들은 세상에 마음을 열 수 있다. 성찰과 상호성 위에 설립된 이 사랑은 자기 차례로 행위를 설립하게, 즉 행위를 가능하게 한다.

이중으로 설립된 행위는 이렇게 해서 구체적인 형태로 새로운 형태의 기쁨, 새로운 요소, 그리고 새로운 표현의 기쁨이 될 수 있다.

사람들은 행위의 복잡함과 풍부함의 증가 정도에 따라 행위의 형태에 등급을 둘 수 있다: (체제를 변형시키는) 정치적 행위를 거쳐, (산업이나 수공업에서) 재료를 변형시키는 실용적 날조 행위로부터 (예술·문화 그리고 철학에서) 과학적이고 반성적인 연구 행위로까지. 이런 모든 형태의 인간 활동은 행위의 형태들인데, 그 이유는 이런 활동들이 사람들 사이에서 자연(自然)과 더불어, 사회의 구성과 사람들의 관계에 있어 새로운 의미를 **창조하기** 때문이다. 창조, 즉 현재의 초월, 지향성과 움직임을 통해 현재보다 더 풍요로울지도 모르는, 심지어 극단의 경우에는 절대적으로 더 바람직할 수 있는 실제적이고 사회적이며 실존적인 미래로 향하는 의미의 설립이 있기 때문에 행위가 있는 것이다.

혹은 이처럼 창조적 관련성에 대해 자각하고 있는 어떤 활동이 기쁨의 근원이다. 행위는 목표를 정하고 방법을 마련하지만, 이 행위는 실제로 활동으로 전개된다. 이 활동은 의식에 현존하고 실제로 주어진 활력이다. 그래서 바로 이런 이유로 활동이 기쁨의 근원이 된다. 장인이나 기술자, 아주 전문적인 직공, 의사나 교사는 실제적으로 '수단'이며 동시에 창조적 활력이고 시간에 대한 통제인 활동을 펼친다.

활동은 활동적인 개인의 일시적이며 역동적인 본질과 같다. 이때부터 그의 기쁨은 자신을 표현함으로써 그가 창조하고, 그가 일하고 있는 세상과 재료를 재배치함으로써 그 자신을 위해 만든다는 사실 자체에서 비롯된다: 가공할 재료, 과학적 자료, 언어나 플라스틱.

정말로, 적합한 사회적 여건은 작업이 창조가 아니라 노동이 될 수도 있고, 책임이 아니라 종속이 될 수 있는 소외의 조건들보다 더 바랄 만한 것이다. 그러나 정치적 사고를 통해 규정되어야 할 의무는 정확히 개인의 표현과 창조에 유리한 이런 조건들에 있다.

자기 자신에 대해서와 마찬가지로 자기 작품의 창조자로서의 능동적이고 심사숙고하는 개인은 그래서 그가 사랑하는 사람들과 그를 알고 있는 사람들과 함께 새로운 형태의 기쁨, 곧 세상 그 자체에 대한 즐거움에 도달할 수 있다.

세상에 대한 즐거움: to enjoy the world

진정한 사랑이 형성하는 생생하고 직감적이며 심사숙고된 관계에서 많은 결과들이 생긴다. 기쁨의 내용들, 그러므로 층(層)

혹은 존재의 행복을 구성하는 활동의 핵심들은 증가되고 확장
될 것이다.

상호성의 여정에 관련된 각각의 의식들은 그 이후로 꿈꾸는
의미를 통해 주체들은 새로운 가능성, 즉 사랑에 의해 의미 있
게 되어 그것들의 특수성을 전개하고 이렇게 해서 기쁨의 새로
운 근원, 존재의 새로운 표현, 그 사람의 새로운 형태의 실체
성이 될 수 있는 새로운 활동에 마음을 연다.

만일 주체들이 그들 존재에 있어 심사숙고된 차원에 들어갔
다는 것을 잊지 않는다면, 새로운 행위들의 이런 모든 전개는
실제로 본질적 기쁨에만 기여할 수 있다. 만일 일상적 보통의
활동이 그것들의 '규약'과 그것들의 실용적인 규정에 맡겨졌
다면, 그 활동들은 행복을 구성하기에 충분한 의미 있는 기쁨
을 분명 줄 수는 없다. 그래서 우리가 서술했고 서술할 행위들
은, 세상에 대한 시선과 태도들에 대해 반성적 전도, 우리가 특
권을 부여할 행위들의 실존적 의미의 심화, 다른 사람에게 마
음을 열 수 있고 자신의 기쁨을 기뻐할 줄 아는 관대함, 이런
것들을 내포하며 또한 우리가 이미 분석했던 새로운 관점에서
실행되어야 한다.

이때부터 행복의 내용과 의미로 자리잡을 수 있는 것이 세상
에 대한 진정한 즐거움이다. 관능적 쾌락과 혼동된, 덧없음과
부조리함으로 추락할 위험이 있는 존재의 단순한 즐거움 이상
으로 세상에 대한 즐거움은 주체가 전개하는 경험이다. 이때
그는 아름다움, 화려함과 세상의 풍부함, 그리고 (성찰과 사랑
과 행위 덕택으로) 자기 자신의 기쁨인 존재의 완전함을 동시에

즐긴다. 영국인들은 예를 들어 다음과 같이 아주 잘 말하곤 한다: enjoy your trip, "당신의 여행을 잘 이용하세요, 당신의 여행을 즐기세요." 우리는 역시 다음과 같이 말할 수도 있을 것이다: enjoy the world, "세상을 즐기세요, 세상의 화려함과, 이 세상에서 당신의 실존을 즐기세요."

세상에서 존재의 기쁨이 관련된다: 존재의 기쁨, 세상에 있는 기쁨, 의미 있고 강렬한 세상에 완벽하게 존재한다는 의식에서 비롯되는 기쁨. 이런 정도의 실존적 강렬함에 도달하기 위해, 분명 생각과 감수성을 연결시키는 일이 필요하다.

1) 쾌락

사랑과 철학을 통해 주체들은 사실, 새로운 방식으로 쾌락에 마음을 열 수 있다. 행복의 여정에서 쾌락에 어떤 정당성과 위치를 부여할 수 있는 개인들은 그 쾌락에서 진정한 의미를 파악할 수 있을 것이다: 관능적이거나 심미적 쾌락, 상대와의 완전한 극도의 일치에서 비롯되거나, 조형 작품·음악 작품·회화 작품에서 생기는 쾌락은 그래서 육체와 정신의 합치에 대한 가장 생생한 표현이다. 존재의 여정과 시간을 초월한 행복의 일시적 구성에 통합된 쾌락은 즐거움의 감수성으로, 이 즐거움의 반성율로 나타난다. 그 의미와 그 풍성함 속에서 파악되기 위해 쾌락은 의식으로서 인정되어야 하고, 의미와 정신의 합치를 민감한 즐거움의 사건 속에 통합시켜야 한다. 그때 이 쾌락은 본질적 행위 수준으로 올라가, 음악이나 연회 식사에서의 쾌락에서 알 수 있는 것 같은 진정한 기쁨의 특성을 갖는다.

이런 이유로 음악과 마찬가지의 사랑, 예술 활동과 마찬가지의 생동감 넘치는 관계는 기쁨의 행위들이다.

그러나 만일 심미적 쾌락이 일괄되고 심사숙고된 행위를 통해 개인의 일시적 연속성에 통합된다면, 에로티시즘처럼 그것은 단지 행복이나 본질적 기쁨의 구성 요소일 수 있다. 순간에 한정된 쾌락은 부조리와 고뇌에서 파멸한다. 기쁨의 요소로 나타나기 위해서 쾌락은 그 자체가 활동의 한 순간, 더 지속적이고 함축하는 어떤 행위의 여러 양상들 중 하나이어야 한다: 사랑의 쾌락이 사랑과 생생하고 영구적 관계의 기쁨에 의해서만 의미를 갖게 되는 것처럼, 심미적 쾌락은 예술을 실행하거나, 하나 혹은 여러 형태의 예술에 대한 습관적이며 지속적인 명상 같은 지속되는 어떤 활동의 내면에서나 그 모든 의미를 갖게 된다.

2) 명상

그래서 본질적 기쁨은 **적합한** 주체에게 새로운 중요성과 즐거움을 주는 새로운 활동 안에서 구현된다: 그렇게 되면 명상은 예술 작품들을 만나는 적극적인 즐거움으로 의식들을 의미의 영역에, 영적 즐거움의 세계에 들어가게 하는 감수성과 생각의 합치라는 새로운 요소가 된다.

형이상학적이지 않은 방법으로, 즉 우리가 사는 세상의 저편에 있는 가설적인 절대적 세계에 대한 주장이나, 플라톤과 플로티노스의 체계에서와 동일하게 가설적인 영적 시각의 대상이 될 수도 있는 주장과는 상관 없는 방법으로 이 영적 즐거움을 규정해 보자. 명상이라는 적합한 용어를 통해, 오히려 우리는 미적이고 시적인 관점으로 우리의 현실 세계를 고려하고 '바라볼' 수 있는 타산적이지 않은 욕심 없는 태도를 지칭하고자 하는 것이다. 그 이유는, 세상을 즐기려면 공연처럼 혹은 존재하는 형태와 질적 본질로써 우리를 즐겁게 하는 강하고 밀집한 실재(實在)처럼, 실존적이고 실용적으로 우리를 펼쳐 보이는 장소로서 세상을 파악할 수 있어야 하기 때문이다. 바로 이런 명상적 경험이 음악 청취, 경치 찬미, 혹은 씌어졌거나 그려진 작품 앞에서 깊이 사려된 경탄 속에서 사용된다. 우리는 다음과 같이 잘 말한다: '사용.' 미적인 시선은 능동적이다. 그래서 그것은 화가나 시인 혹은 음악가의 창조 행위(작품들을 창조하기 전과 창조의 과정 동안에)에 의해 풍부해진다. 그러나 관중이나 청중, 독자의 심사숙고된 상상 행위를 통해서도 그것은 풍부해진다. 비록 명상이 엄격한 의미로 행위 없이(이해나 꿈속에서) 있을 수 있다 해도, 그리고 행위가 엄격히 명상과는 구별될 수 있다 해도(실용적이거나 정치적 행위에서) 명상과 창조 행위는 서로 연결돼 있다. 사실 최고의 수준에서 창조 행위와 능동적 명상은 세상에 대한 즐거움과 더불어, 존재한다는 기쁨을 불러일으키면서 다시 서로 만난다.

　자기 작품을 출판하는 소설가는 종합적인 이런 기쁨을 경험한다: 그는 **적극적으로** 일했다. 그는 세상을 관찰했고 **명상했다.** 그래서 이 이중의 움직임을 통해 그는 하나의 작품을 창조했다; 동시에 이 작가가 대중의 인정을 받아 이성적이고 만족감을 주는 상호 관계 속으로 들어가는 일이 또한 일어날 수 있다. 조사를 발표하는 신문기자, 어떤 프로젝트를 다루는 기술자, 전시회를 실행하는 화가, 이 모두가 다른 사람에게 제공된 실제의 창조 속에 행위와 명상의 실제적 통합을 펼치는 것이다.

그래서 행위와 명상은 밀접하게 연결돼 있는 것이다. 우리가 이것들을 설정하는 성찰 수준에서, 이 행위와 명상은 의식의 일시적 전개가 교착되는 보충적 양상이다. 실용적 단순한 실행과는 구별되는 **진정한 행위**는 자연이나 제도의 객관성 속으로 의식이 새겨지는 것이다. 영혼이 이것에서 표현되고, 이렇게 해서 완전함과 의미의 개념을 더 잘 규정짓는다. 진정한 행위의 산물은 작품들이다. 이 작품들이 예술이나 문화·기술 혹은 정치의 지시를 통해 나온 것이든 아니든 간에, 이것들은 의식이 기꺼이 표출하고 알리고자 하는 어떤 의미를 드러낸다. 동시에 이것들은 공간과 시간 속에 의식을 통해 이 의식의 자기 구축을 표현한다. 행동한다는 것은 기쁨이다. 그 이유는 행위가 다른 사람과의 의사소통이며 사회의 공동의 삶에 기꺼이 참여하는 것과 동시에 자신에 대한 구축이자 표현이기 때문이다.

이처럼 행위가 능동적 기쁨의 근원이며 결과적으로는 행복을 형성하는 행위들 중 하나가 되기 위해서는, 종종 활동을 책임 맡고 있는 정신과는 완전히 다른 정신으로 행위가 수행되는 것이 분명 적당한 일이다: 권력 의지나 모험 정신, 자신에게 한정된 타산적 이익 추구, 올바르지 않은 도취 속으로의 도피, 피곤이나 위험. 반성적 전도에 대해 말하면서, 다만 관대함과 지성이 관련된 범위 내에서 행위의 진정한 가치를 사용할 수 있고 기쁨의 영향력을 나타낼 수 있다는 것을 이미 관찰했다.

명상은 능동적(시를 읽거나 자연을 찬미할 때처럼)이기 때문에, 행위는 신중히 고려된 것(어떤 가치를 설립하거나 어떤 작품들을 세울 때처럼)이기 때문에, 명상과 행위는 둘 다 모두 기쁨의 근원이라고 말할 수 있는데, 이것들 둘 다 자신의 고유한 활동을 기뻐하는 의식의 역동성을 표현하기 때문이다.

그렇지만 의식의 활동은 순간과 덧없고 불안정한 특성을 초월하고 능가할 때만 그 활동을 즐길 줄 알 것이다: 그렇게 되면 흩어짐이라는 초월은 창조를 통해 형성된다.

3) 창조

의식이 스스로의 활동을 즐길 수 있는 것은 바로 창조를 통해서이다. 창조를 통해 의식은 행위를 구성하는 실제 현실을 표명한다. 의식은 파악되거나, 사람들이 그것을 행위로 파악할 때만 생명의 흐름 혹은 기계적인 것임을 멈춘다. 그러나 의식의 특수성을 만드는 이 행위는 단순한 활동을 넘어 창조할 수 있을 때만 표출된다.

창조를 여러 가지 의미로 이해해야 한다. 창조는 우선 객관적인 어떤 **작품**의 실현 속에서 이루어지는데, 실제적이고 문화적인 공간과 시간 속에 자리잡는다. 기계와 같이 기술적이고, 교향곡이나 소설 같이 미학적인, 헌법과 같이 정치적이며, 철학 서적 같은 반성적인 작품은 언제나 의식의 창의성 풍부한 움직임의 실현이다. 이 의식은 우선 상상되고, 다음으로 작품의 현실에서 실현된 미래를 향한 현실을 언제나 초월할 수 있고, 그 현재를 미래(다른 작품들의 원천으로서 혹은 작품 전체의 생산력으로서)에 때로는 영원에 통합시킴으로써 이 현재를 초월할 수 있다. 바로 이렇게 해서 과학적 가정이나 구성 계획은 현재를 **능가**하는데, 그것은 이런 것들이 현재 속에 새겨져 있지 않아 경험적으로 실증되거나 정치적으로 미래에 실현됨으로써 현재를 **변경하기** 때문이다: 인간과 시민의 권리 선언은 특권 계급과 '명령'으로부터 만들어진 현재를 초월한다. 그래서 이 선언은 정신 위에 작용하여 새로운 현실로서 민주주의를 설립하게 함으로써 미래를 변경시킨다. 그래서 개인의 의식과 공공 정신은, 헤겔이 생각했던 것처럼 작품의 창작자들에게서 떨어져 나가는 것과는 달리, 그 반대로 현실과 의미 속에 새겨 넣는 그런 작품들에 의해 구성된다.

자신에 대한 표현인 작품이 기쁨의 근원이 될 수 있기 위해서는, 자신에 대한 표현이 창의 능력과 스스로를 구축하는 활력을 표현하는 것으로는 충분치 않다; 작품이 창작자의 표현이며, '자신의 대의(大義)'를 만드는 스스로를 구축하는 능력의 표시라는 것으로는 충분치 않다. 그에 더하여, 그 작품은 우리가 존재의 뿌리에 설정했던 의도와 욕망에 일치되어야 한다: 그것들은 기쁨의 욕망 자체이다. 창작, 행위와 명상 또한 우리가 규정했던 가치들에 비추어 전개될 때만 모든 의미를 획득할 수 있고 개인들의 창조 능력을 표현할 수 있다. 만일 행위나 창조가 주된 방향을 내포하고 있지 않다면, 만일 그것들이 어떤 가치나 어떤 실존적 계획에 의해 영향받지 않고, 지시되지 않고, 방향이 주어지지 않았다면 그것들은 불합리함 속에서 무너지게 될 것이다. 최종 목표가 없는 행위는 순전히 동요이며 모험이고 과격파 사상이 된다. 그래서 그때부터 무동기성으로, 즉 잘되면 소외로, 최악의 경우는 고뇌로 추락하게 된다. 창조에 대해서도 마찬가지이다: 최종 목표나 가치가 없다면, 그 창조는 더는 아무것도 표현하기를 바라지 않고, 때로 작품에 대한 반대가 아니라면 어느것에도 도달하고 싶어하지 않는 무질서하고 터무니없는 무의미한 '작품들'의 생산이 될 위험이 있다.

그런데 행위와 창조는 본능적 의미처럼 표현을 통해 정확히 의식의 표현과 개성의 구축임을 내포한다. 그래서 까다로운 성찰은 창조 능력이, 사실 고뇌가 아닌 기쁨의 근원이 될 수 있도록 이 창조 능력을 보전하려고 노력하도록 우리를 인도한다. 그것은 행위와 창조를 위해 고려해 보기 이전에 우리가 규정한 가치를 통해 이 행위와 창조가 **밝혀지고 방향이 주어져야** 하기 때문이다. 정확하게 기쁨과 실존의 확인을 겨냥함으로써 행위, 명상, 창조(전에는 사랑과 철학처럼)가 이것들 고유의 능동적이고 심사숙고된 전개를 통해 우리가 목표로 삼는 본질적 기쁨을 이끌어 낼 수 있다.

각각의 작품은 기쁨의 근원이 아니다. 각각의 행위는 삶의 작품이 아니다: 기쁨이라는 관점, 즉 너그러운 자유와 역동적 상호 관계성의 관점에서 전개된 창조와 행위들만이 그 모든 풍부함을 넘겨 줄 수 있는데, 다시 말해 표현의 기쁨, 창조와 전달의 기쁨을 작품 창작자들에게서 이끌어 낼 수 있다. 이렇게 해서 창작자들에 의해 공유된 기쁨의 윤리를 통해서만 행위와 창조가 행동하고 심사숙고하며 창조하는 사람들의 기대, 이런 활동의 전개 속에서 그리고 그것을 통해 즐거움과 정당성을 발견하는 데 따르는 기대에 부응하게 해준다.

사랑·행위·쾌락·명상·창조와 같은 존재의 이런 행위들 너머에서 사람들은 본질적 기쁨의 다른 형태들을 또한 구분할 수 있을 것이다. 우선 창조의 개념을 확장시켜 작품을 탄생시키는 작업에 뿐 아니라 다른 사람과 사회 속에서 실존적 변화를 이끄는 행위로 그것을 적용해야 할 것이다: 소크라테스는 어떤 '작품'도 창조하지 않았지만 그의 행위는 중요했다. 그의 영향력으로 철학 세계와 철학적 움직임을, 문명의 각 시기에 새로운 의식 세계와 그 움직임을 그는 실제로 **창조했다**. 그래서 철학적 발화(發話)는 글로 씌어졌건 아니건 간에, '유명하건' 혹은 '난해하건' 간에 생명의 원천과 기쁨의 근원이 될 수 있고, 알랭의 말처럼 일반을 위한 것일 수 있거나 혹은 스피노자의 말처럼 신비한 것일 수 있다. 어쨌든 철학적인 말은 가장 고상한 목표에서처럼 정신의 기쁨에서 정돈되기 때문에, 사실 이런 말은 들을 줄 알고 자기 자신의 가장 훌륭한 부분을 펼쳐 보이기를 바라는 사람들에게 기쁨, 힘, 그리고 완전함이 생기게 한다.

객관적이거나 영적인 창조 너머에, 본질적 다른 기쁨들이 나타난다: 예를 들어 연구가 그것이다. 이 연구가 과학에 관한 것이든, 의학에 관한 것이든, 혹은 철학에 관한 것이든, 그것이 미적인 것이든, 문학적인 것이든, 혹은 단순히 수공업이나 산업에서처럼 경험적이든 간에 연구는 역시 그 자체로 기쁨의 근원이다. 그 이유는, 연구가 항상 일종의 탐색이기 때문이다. 그것은 항상 지식의 증대를 통해 더 큰 일관성으로 향하는, 미래를 통제함으로 더 큰 자유로 향하는 의식의 움직임을 표현한다. 물론 이 연구는 욕망에 대해 심사숙고된 만족감 속에서 이 만족감의 근원이기 때문에, 우리가 발전시켰고 행복한 존재에 대한 기준인 원칙들로 긍정적으로 확립되고 지도되기만 한다면, 연구는 의식을 지도하고 활력을 주며 풍요롭게 한다.

결론: 황금 문

이제 우리는 중요한 종합 평가이고 동시에 행동에 대한 촉구일 수 있는 하나의 결과를 끌어낼 수 있다.

행복은 존재 전체 위로, 혹은 존재의 능동적 과거나 실제의 현재, 생각할 수 있는 미래 중 가장 생기 넘치는 부분 위로 비추는 광채와 같이 우리에게 나타난다. 그러나 기쁨이 행복을 풍요롭게 할 수 있기 위해서는 그 경험이 '본질적'이어야 한다: 이때 기쁨은 하나의 행위, 즉 역동적 완전함(곧 능동적이고 일관성 있는, 개방적이며 창조적인 존재의)의 강렬한 느낌이다. 이런 완전함은 욕망의 쾌락이며 충족된 욕망의 쾌락이기도 하다; 그러나 이 완전함은 또한, 의미로서 그리고 가치로서 주체 자체에 의한 직감적인, 즉 내적이고 직접적인 주체의 두려움이다. 그러면 본질적 기쁨 안에서 그리고 이 기쁨을 통해 의식이 의식 자체와의 일치로 파악되고 그리고 그 자체의 '완벽함'으로 기뻐한다.

그렇지만 (존재의 행위로서 존재한다는 경험이기도 한) 본질적 기쁨은 자기 자신에 대한 영적이거나 추상적인 순수한 의식이 아니다. 그것은 본질적 기쁨의 특유한 전개와 같은 구체적인 활동들의 내용이다. 이런 활동은 또한 가치이기도 한데, 주체가 밀도와 강렬함을 통해 자신의 행복의 구성 요소가 될 수 있는 것은 바로 이런 활동을 통해서이기 때문이다. 본질적 기쁨의 이런 구체적 행위들은 우리가 살펴본 대로, (우리를 확립해 주고 밝혀 주며 풍요롭게 해주는) 철학; 사랑(이것을 통해, 어떤 수준에서는 상대가 상호적 움직임을 통해 우리를 충족시켜 준다); (감수성과 의식의 일치인) 쾌락; 행위와 명상(이것들을 통해 우리는 존재 안에 우리를 새겨넣는, 즉 우리에게 일관성 있고 만족스런 실존을 부여하는 모든 의미와 가치를 식별하고 실현한다); 끝으로 우리가 더 바랄 만한 세계와 어떤 창작물, 그리고 우리들 자신의 실체를 생각해 내고 실현시키는 창조. 우리 기쁨의 본질인 이 모든 구체적 행위들은 의미의 기원이며, 우리를 위해 의미 있는 것——그리고 우리 존재의 의미를 만드는 것의 기원이기도 하다.

의미의 근원, 결과적으로는 기쁨의 근원으로서의 이 모든 행위들은 행복(혹은 더 바랄 만한 것)이라 불리는 실존적 영역으로 들어가게 하는 다양한 통로를 형성하기 위해 이 행위들간에 구성되고 조화를 이룬다. 행복의 주체, 즉 실제 개인은 자신의 삶을 본질적 행위와 경험을 바탕으로 행복한 삶으로 만들기로 결정했다 해도 어떤 선택을 해야 한다: 이런 모든 활동들은 동시에 이행될 수 없고, 이런 모든 경험들은 한순간에 겪을 수 없다. 정말 존재의 이상적 완전함은 철학과 사랑을, 예술의 훈련과 과학적 연구를, 명상적인 꿈과 탐험 여행을, 실존적 탐색과 정치적 행위를 동시에 통합시켜야 할 것이다. 이런 활동들, 이런 통로들은 왕국이나 존재의 거주지로 인도할 황금 문과 같은 것이다.

그렇지만 만일 이것들이 동시에 개방되거나 관통될 수 없다면, 이 통로들 각각은 영토(약속의 땅)로 인도하는 것이며, 이 문들 각각은 그 영토로 열려 있는 것이다. 우리가 그렇게 했던 것처럼 재구성된 행위들 각각은 하나의 가치로서, 이 가치의 의미와 영향력을 통해 주체는 그 자신의 완전함과 의미로 인도된다. 잘 다듬어진 동양으로 인도하듯 의식을 인도할, 그리고 더 바랄 만한 것에 비추어 그 의식을 영토로 인도할 수 있는 활동들 중 몇몇에서 의식이 하게 될 선택을 정당화할 더 바랄 만한 것의 설립에 견주어 볼 때, 이것이 바로 의식의 요구 수준이다.

그래서 모든 황금 문들은 존재로 향해 열려 있다. 또한 모든 심사숙고된 통로들은 영토로 인도한다. 각자는 다만 자신의 연금술 방식, 즉 영토로 이끌어 갈 통로들의 독창적이고 독특한 합성과 그 문들의 빛나는 일치를 생각해 내야 한다.[1]

"내가 제시했던, 목표로 인도하는 그 통로가 까다롭게 보여도 그것은 어떻든 접근할 수 있다. 그런데 사람들이 그렇게 흔치 않게 도달하는 걸 보니 그것은 정말 어려운 것임에 틀림없다. 만일 구원이 그렇게 가까이 있었다면 사람들은 큰 수고 없

---

1) 그러므로 다음과 같은 세 가지 요구가 존중된다는 조건에서 각자가 자기 행복의 내용을 찾아내야 한다고 말하는 것이 당연할 것이다: 욕망에 대한 고려, 성찰에 대한 꾸준한 훈련, 그리고 상호성에 대한 절대적 참고(參考).

이 그것을 발견했을 텐데, 구원이 거의 모든 이들에 의해 등한 시됐었다는 것이 정말 어떻게 가능할 수 있을까? 그렇지만 소중한 모든 것은 드문 만큼 어렵다."[2]

그렇다, 스피노자는 수정(水晶)에서처럼 그 통로가 까다롭다고 표현하고 있다. 그러나 우리는 그 통로가 실행할 수 있다는 것을 보여주었으며, 우리는 수단과 도구를 규정하였고 그 목적은 접근할 수 있다는 것을 이해하였다.

이제 우리는 좀더 멀리 전진할 수 있다: 황금 문들은 결코 닫히지 않았다. 그것은 언제나 열려 있으며, 그리고 우리 모두를 위해서 그렇다. 만일 어떤 이들이 들어가 보지도 못하고 영토 혹은 약속된 땅의 문턱에서 사망하게 된다면, 그것은 '황금 문'이 닫혔기 때문이 아니라 여행자는 개방된 황금 문이 자신에게 예정돼 있지 않았다고 생각했기 때문이다.[3] 그에게 용기가 없었기 때문이며, 그는 행복한 존재를 설립하는 데 있어 우연성이나 책임감으로 결부된 위험과 고통을 감수할 줄 몰랐던 것이다. 우리에게 있어 문과 통로는 언제나 열려 있으며, 그것들은 항상 존재하고 있고, 그것들은 우리들에게 개별적으로 정해졌다. '습관이 된' 우리 자신의 수동성의 한계를 극복하는 것은 바로 우리 자신에게 달려 있으며, 우리의 전환은 바로 우리의 유일한 자유에 달려 있다.

신(Être), 즉 적극적 완전함(être 동사의 경우에서처럼)에서 생

---

2) 스피노자, 《윤리학》, V, 42.(R. 미스라이의 번역)

3) 참조. F. 카프카, 《소송》.

기는 자족(自足)이라는 의미를 내포하고 있는 용어로 지칭될 수 있을 만한 실존의 한 형태에 다다를 수 있기 위해서는, 주체가 그의 참된 자유를 단지 알아차리기만 하면 된다. 그 스스로 자신의 불행이나 기쁨을 만든다; 전적으로 자유롭고 책임 있는 그 스스로 자신의 행동과 휴식, 무기력과 활력을 결정한다. 의식은 언제나 의식이 믿는 것, 즉 의식이 설계하고 만드는 것에 언제나 일치한다는 것이다.

참고 문헌

- 아리스토텔레스, 《니코마코스 윤리학 *Éthique à Nicomaque*》.
- E. 블로흐, 《희망의 원리 *Le Principe Espérance*》, 갈리마르, 1991.
- M. 부버, 《나와 너 *Je et Tu*》, 오비에-몽테뉴, 1959.
- A. 카뮈, 《결혼 피로연 *Les Noces*》, 갈리마르, 1959.
- 에피쿠로스, 《메노이케우스에게 보내는 편지 *Lettre à Ménécée*》, 메가르 출판사, 1977.
- H. 마르퀴즈, 《에로스와 문명 *Éros et civilisation*》, 미뉘 출판사, 1968.
- R. 미스라이, 《행복에 관한 개론 *Traité du bonheur*》(1권: 《성(城) 건축 *Construction d'un château*》; 2권: 《윤리학, 정치, 그리고 행복 *Éthique, politique, et bonheur*》, 쇠이유, 1981과 1983); 《기쁨의 행위 들 *Les Actes de la joie*》, 프랑스대학 출판사, 1987; 《스피노자 *Spinoza*》, 그랑셰르 출판사, 1992; 《오늘날 주체의 문제 *La problèma-tique du sujet aujourd'hui*》, 앙크르 마린, 1994.
- 플라톤, 《향연 *Le Banquet*》과 《페드르 *Phèdre*》, 가르니에-플라마리옹.
- 루소, 《고독한 산책자의 몽상 *Les Rêveries du Promeneur soli-taire*》.
- 쇼펜하우어, 《의지와 표상으로서의 세계 *Le Monde comme vol-onté et comme représentation*》, 뷔르도의 번역, 프랑스대학 출판사,

1966.

• G. 지멜, 《사랑의 철학 *Philosophie de l'amour*》, 리바주 출판사, 1988.

• 스피노자, 《윤리학 *Éthique*》(로베르 미스라이의 번역과 소개), 프랑스대학 출판사, 1993.

색 인

로베르 미스라이

　파리 제1대학에서 윤리철학을 가르친다. 스피노자를 전공한 그
는 《윤리학》(프랑스대학 출판사, 1993)의 신판 번역과 《스피노자:
기쁨을 통한 행복의 여정》(그랑셰르, 1992)을 출간하였다. 또한 그
는 스피노자 철학 이외에 도덕과 존재에 관한 연구를 계속하면서
쇠이유 출판사에서 《행복론》(1981-1983)과 프랑스대학 출판사에
서 《쾌락의 행위들》(1987)을 출간하였다.

김영선(金永善)
프랑스 프랑슈-콩테대학교(석 · 박사)
한국외국어대 · 명지대 · 협성대 · 수원대 출강
한국산업자원부 내 프랑스어 교육 담당
역서: 《진보의 미래》(동문선)

현대신서
192

행　복

초판발행 : 2006년 2월 10일

東 文 選
제10-64호, 78. 12. 16 등록
110-300 서울 종로구 관훈동 74
전화 : 737-2795

편집설계 : 李妍旻

ISBN 89-8038-565-X 94100
ISBN 89-8038-050-X(세트 : 현대신서)

東文選 文藝新書 277

자유와 결정론

오스카 브르니피에 [외]

최은영 옮김

지금의 내 모습을 결정한 사람은 과연 누구일까. 나 자신일까, 아니면 다른 사람일까.

나는 성장하면서 교육을 받았고, 문화를 경험하고 있다.

그렇다면 교육을 내가 선택했을까.

엄밀히 말하자면 나는 교육을 선택함에 자유롭지 못했다.

나는 부모와 교사의 도움으로 교육을 받아 왔다. 문화의 현장에서 ......

나는 부모를 선택했는가, 아니다. 나는 부모의 자녀로 선택받았다.

지금의 내가 있기까지의 역사를 되돌아보면, 나는 지금의 내 모습을 전적으로 선택한 것 같지 않다.

주변에서 존재하라는 대로 존재하고 있다…….

그렇다면 지금의 내 모습을 결정지은 사람은 과연 나 자신일까……

이러한 내가 지금 과연 자유로운 사람일까……

자유란 자신이 원하는 것과 원하지 않는 것을 동시에 알고 있으면서 자신이 원하는 것을 선택하는 것이다.

아는 것이 없는 상태에서 선택을 할 수 있을까.

무지한 사람은 자신이 알고 있는 것만을 선택하거나 되는 대로 선택을 한다.

진정한 선택이라 할 수 있을까. 진정한 자유라 할 수 있을까……

철학적으로 사고한다는 것은 무엇보다도 질문할 줄 알고, 이성적 사유를 구축할 줄 알며, 혼자서 생각할 줄 안다는 것이다.

이 책은 대화의 진행을 바라보면서 스스로 생각하는 법과 철학하는 방법의 기초를 닦을 수 있도록 도와 주고 있다.

東文選 文藝新書 2001

우리 아이들에게
어떤 지표를 주어야 할까?

장 뢰 오베르 / 이창실 옮김

가족이 해체되고, 종교와 신앙·가치들이 의문에 부쳐지고, 권위와 교육적 기준들이 흔들리고 있다. 오늘날 전통적 지표들이 동요하고 있는 것이다. 그런데 아이가 밝고 건강하게 자라기 위해서는 반드시 지표들이 주어져야 한다. 그렇지 못할 경우에 극단적인 태도로 기울어질 위험이 있기 때문이다.

교육심리학자이자 여러 저서의 저자이기도 한 장 뢰 오베르는, 아이들과 부모들에 대한 일상의 관찰에 힘입어 다음의 질문들에 대답하고 있다.

- 갓난아이, 어린아이, 청소년에게는 어떤 지표들이 반드시 필요한가?
- 아이를 과잉보호하지 않고 어떻게 안심시킬 수 있을까?
- 왜 다른 교육이 필요한가?
- 청소년기의 위기 앞에서 어떻게 반응해야 할까?
- 건전한 지표들과 불건전한 지표들을 어떻게 구별할 수 있을까?
- 무엇이 아이에게 강한 정체성을 부여하는 것일까?
- 쾌락과 관련된 지표들이 어떤 점에서 중요한가?
- 아이들은 신앙을 필요로 하는가?

본서는 부모들의 필독서로서, 그들에게 반성의 실마리 및 조언을 주어 자녀들이 절대적으로 필요로 하는 지표들을 제공할 수 있도록 한다. 그리하여 아동이 속박이나 염려스러운 불분명함 속에 방치되는 일 없이 교육을 통해 적절한 균형을 찾을 수 있도록 도와 준다. 또한 현재와 미래의 행복한 삶을 위한 성공의 조건들을 하나하나 제시해 나간다.

東文選 現代新書 44,45

쾌락의 횡포

장 클로드 기유보

김웅권 옮김

섹스는 생과 사의 중심에 놓인 최대의 화두 가운데 하나라고 할 수 있다. 성에 관한 엄청난 소란이 오늘날 민주적인 근대성이 침투한 곳이라면 아주 작은 구석까지 식민지처럼 지배하고 있는 것이다. 이제 성은 일상 생활을 '따라다니는 소음'이 되어 버렸다. 우리 시대는 문자 그대로 '그것' 밖에 이야기하지 않는다.

문화가 발전하고 교육의 학습 과정이 길어지면 길어질수록 결혼 연령은 늦추어지고 자연 발생적 생식 능력과 성욕은 억제하도록 요구받게 되었지 않은가! 역사의 전진은 발정기로부터 해방된 인간을 금기와 상징 체계로부터의 해방으로, 다시 말해 '성의 해방'으로 이동시키며 오히려 반문화적 현상을 드러내고 있다. 저자는 이것이 서양에서 오늘날 일어나고 있는 현상이라고 말한다. 서양에서 60년대말에 폭발한 학생 혁명과 더불어 본격적으로 시작된 '성의 혁명'은 30년의 세월을 지나 이제 한계점에 도달해 위기를 맞고 있다. 성의 해방을 추구해 온 30년 여정이 결국은 자체 모순에 의해 인간을 섹스의 노예로 전락시키며 새로운 모색을 강요하고 있는 것이다. 인간은 '섹스의 횡포'에 굴복하고 말 것인가?

과거도 미래도 거부하는 현재 중심주의적 섹스의 향연이 낳은 딜레마, 무자비한 거대 자본주의 시장이 성의 상품화를 통해 가속화시키는 그 딜레마를 어떻게 극복할 것인가? 저자는 역사 속에 나타난 다양한 큰 문화들을 고찰하고, 관련된 모든 학문들을 끌어들이면서 폭넓게 성 문제를 조명하고 있다.

東文選 現代新書 81

영원한 황홀

파스칼 브뤼크네르

김웅권 옮김

"당신은 행복해지기 위해 사는가?"

당신은 왜 사는가? 전통적으로 많이 들어온 유명한 답변 중 하나는 "행복해지기 위해서 산다"이다. 이때 '행복'은 우리에게 목표가 되고, 스트레스가 되며, 역설적으로 불행의 원천이 된다. 브뤼크네르는 그러한 '행복의 강박증'으로부터 당신을 치유하기 위해 이 책을 썼다. 프랑스의 전 언론이 기립박수에 가까운 찬사를 보낸 이 책은 사실상 석 달 가까이 베스트셀러 1위를 지켜내면서 프랑스를 '들었다 놓은' 철학 에세이이다.

"어떻게 지내십니까? 잘 지내시죠?"라고 묻는 인사말에도 상대에게 행복을 강제하는 이데올로기가 숨쉬고 있다. 당신은 행복을 숭배하고 있다. 그것은 서구 사회를 침윤하고 있는 집단적 마취제다. 당신은 인정해야 한다. 불행도 분명 삶의 뿌리다. 그 뿌리는 결코 뽑히지 않는다. 이것을 받아들일 때 당신은 '행복의 의무'로부터 해방될 것이고, 행복하지 않아도 부끄럽지 않게 될 것이다.

대신 저자는 자유롭고 개인적인 안락을 제안한다. '행복은 어림치고 접근해서 조용히 잡아야 하는 것'이다. 현대인들의 '저속한 허식'인 행복의 웅덩이로부터 당신 자신을 건져내라. 그때 '빛나지도 계속되지도 않는 것이 지닌 부드러움과 덧없음'이 당신을 따뜻이 안아 줄 것이다. 그곳에 영원한 만족감이 있다.

중세에서 현대까지 동서의 명현석학과 문호들을 풍부하게 인용하는 저자의 깊은 지식샘, 그리고 혀끝에 맛을 느끼게 해줄 듯 명징하게 떠오르는 탁월한 비유 문장들은 이 책을 오래오래 되읽고 싶은 욕심을 갖게 한다. 독자들께 권해 드린다.　　　　　　　— 조선일보, 2001. 11. 3.

東文選 現代新書 96

근원적 열정

뤼스 이리가라이

박정오 옮김

　뤼스 이리가라이의 《근원적 열정》은 여성이 남성 연인을 향한 열정을 노래하는 독백 형식의 산문시로 이루어져 있다. 이 글에서는 여성이 담화의 주체로 등장하지만, 남성 중심으로 이루어진 현존하는 언어의 상징 체계와 사회 구조 안에서 여성의 열정과 그 표현은 용이하지도 자유로울 수도 없다.

　따라서 이리가라이는 연애 편지 형식을 빌려 와, 그 안에 달콤한 사랑 노래 대신 가부장제 안에서 남녀간의 진정한 결합이 왜 가능할 수 없는지를 역설적으로 보여 주려 애쓴다. 연애 편지 형식의 패러디는 기존의 남녀 관계에 의문을 제기하고 교란시키는 적절한 하나의 전략이 되고 있는 것이다.

　서구의 도덕적 코드가 성경 위에 세워지고, 신학이 확립되면서 여신 숭배와 주술은 주변으로 밀려났다. 이리가라이는 그 뒤 남성신이 홀로 그의 말과 의지대로 우주를 창조하고, 그의 아들에게 자연과 모든 피조물을 통치하게 하는 사고 체계가 형성되면서 여성성은 억압되었다고 지적한다. 또한 그녀는 남성신에서 출발한 부자 관계의 혈통처럼, 신성한 여신에게서 정체성을 발견하고 면면히 이어지는 모녀 관계의 확립이 비로소 동등한 남녀간의 사랑과 결합을 가능케 해준다고 주장한다.

　이리가라이는 정신과 육체의 이분법적인 서구 철학의 분류에서 항상 하위 개념인 몸이나 촉각이 여성적인 것과 연관되어 있다는 점을 인식하고 타자로 밀려난 몸에 일찍부터 주목해 왔다. 따라서 《근원적 열정》은 여성 문화를 확립하는 일환으로 여성의 몸이 부르는 새로운 노래를 찾아나선 여정이자, 여성적 글쓰기의 실천 공간인 것이다.

東文選 現代新書 166

결별을 위하여

가브리엘 마츠네프

최은희 · 권은희 옮김

결별을 위하여

헤어짐의 미학

당신이 연인과의 관계를 끝내거나 그녀가 당신을 떠나거나, 부인에게 이혼을 요구하거나 부인이 먼저 헤어지자고 요구하거나, 친구와 사이가 틀어지거나, 몹시 소중히 여기는 물건을 도둑맞거나, 폭식가인 당신이 식이요법을 감행하거나, 세속적인 당신이 수도 생활을 시작하거나, 친척 중의 누군가가 죽거나 아니면 당신이 죽음을 준비하거나간에 당신은 결별이라는 시련을 피할 수 없을 것이다. 삶에서 결별이 아닌 것은 없다. 마음의 준비를 하라.

보통 결별이라고 하면 사랑의 결별을 의미한다. 그러나 탄생에서부터 죽음에 이르기까지 삶에서 결별이 아닌 것은 없다. 연인과의 관계를 깨뜨리는 것 외에 이혼하는 것, 친구와 사이가 틀어지는 것, 소중한 물건을 잃어버리는 것, 다이어트를 하는 것, 수도원에 들어가는 것, 가까운 사람의 죽음을 겪는 것 등도 일종의 결별이다. 가브리엘 마츠네프는 자신의 대자에게 보내는 편지글의 형식을 빌려 이러한 다양한 결별들에 대해 살펴보고, 그 고통을 치유하는 방법들을 제시한다.

사랑의 결별을 겪을 경우와 그 대처 방법에 대해 가장 많은 부분을 할애하여 설명하고 있으며, 철저히 남성적인 시각에서 바라보고 있다. 우선 남자가 잘못한 게 없는데도 여자가 떠난 경우, 펜을 들어 그 잔인한 배신자를 모욕하는 편지를 써보내라고 한다. 남자의 날카로워진 신경이 진정되고 배신자에게는 양심의 가책을 느끼게 함으로써 일석이조라고 할 수 있다. 그러나 떠나간 여자가 다시 돌아오리라고 기대해서는 안 된다. 그 어떤 합리적인 설득도 한번 마음이 떠난 여자에게는 통하지 않는다. 그리고 남자의 잘못으로 여자가 떠난 경우 "세상에 널린 게 여자야"라는 말로 냉소해서는 안 된다. 이제는 끝나 버린 아름다운 사랑과 그 자신을 모욕하는 것이 되어 버리기 때문이다. 그 대신 반성하는 의미에서 고통을 견뎌내고 정신적 성숙으로 이르도록 해야 한다.

東文選 現代新書 87

산다는 것의 의미 · 1
— 여분의 행복

피에르 쌍소 / 김주경 옮김

"삶을 어떻게 살아야 하는가?" 라는 물음에 대한 해답찾기‼

인생을 살 만큼 살아본 사람만이 이에 대한 대답을 할 수 있을 것이다. 영원한 것은 아무것도 없고, 변화 또한 피할 수 없다. 한 해의 시작을 앞둔 우리들에게 피에르 쌍소는 "인생이라는 다양한 길들에서 만나게 되는 예기치 않은 상황들을 대비할 수 있도록 도덕적 혹은 철학적인 성찰, 삶의 단편들, 끔찍한 가상의 이야기와 콩트, 이 세상에서 벌어지고 있는 참을 수 없는 일들에 대한 분노의 외침, 견디기 힘든 세상을 조금이라도 견딜 만하게 만들기 위한 사랑에의 호소 등등 여러 가지를 이 책 속에 집어넣어 보았다"는 소회를 전하고 있다. 노철학자의 삶에 대한 깊은 성찰이 고목의 나이테처럼 더없이 선명하게 다가온다.

변화를 사랑하고, 기다릴 줄 알고, 바라보는 법을 배우고, 자기 자신에게 인내를 가질 수 있게 하는 이 책《산다는 것의 의미》는, 앞서의 두 권보다 문학적이며 읽는 재미 또한 뛰어나다. 죽어 있는 것 같은 시간들이 빈번히 인생에 가장 충만한 삶을 부여하듯 자신의 내부의 작은 목소리에 귀기울이게 하고, 그 소리를 신뢰케 만드는 것이 책의 장점이다. 진정한 삶, 음미할 줄 아는 삶을 살고, 내심이 공허한 사람이 되지 않도록 우리의 약한 삶을 보호할 줄 알며, 그 삶을 사랑하게 만드는 것이 피에르 쌍소의 힘이다.

이 책을 읽어 나가는 동안 우리는 의미 없이 번쩍거리기만 하는 싸구려 삶을 단호히 거부하고, 자기 자신에게로 돌아와 찬찬히 들여다볼 수 있는 시간을 갖게 될 것이다. 그리고 자신만의 희망적인 삶의 방법을 건져올릴 수 있을 것이다.

東文選 現代新書 14

사랑의 지혜

알랭 핑켈크로트
권유현 옮김

수많은 말들 중에서 주는 행위와 받는 행위, 자비와 탐욕, 자선과 소유욕을 동시에 의미하는 낱말이 하나 있다. 사랑이라는 말이다. 그러나 누가 아직도 무사무욕을 믿고 있는가? 누가 무상의 행위를 진짜로 존재한다고 생각하는가? '근대'의 동이 터오면서부터 도덕을 논하는 모든 계파들은 어느것을 막론하고 무상은 탐욕에서, 또 숭고한 행위는 획득하고 싶은 욕망에서 유래한다는 설명을 하고 있다.

이 책에서 묘사하는 사랑의 이야기는 타자와 나 사이의 불공평에서 출발한다. 즉 사랑이란 타자가 언제나 나보다 우위에 놓이는 것이며, 끊임없이 나에게서 도망가는 타자로부터 나는 도망가지 못하는 것이다. 그리고 사랑의 지혜란 이 알 수 없고 환원되지 않는 타자의 얼굴에 다가가기 위해 애쓰는 것이다. 저자는 이 책에서 남녀간의 사랑의 감정에서 출발하여 타자의 존재론적인 문제로, 이어서 근대사의 비극으로 그의 철학적 성찰을 이끌어 가기 때문이다. 그러나 우리가 이웃에 대한 사랑을 이상적인 영역으로 내쫓는다고 해서, 현실을 더 잘 생각한다는 법은 없다. 오히려 우리는 타인과의 원초적 관계를 이해하기 위해서, 또 그것에서 출발하여 사랑의 감정뿐 아니라 다른 사람에 대한 미움의 감정까지도 이해하기 위해서, 유행에 뒤진 이 개념, 소유의 이야기와는 또 다른 이야기를 필요로 할 수 있다.

알랭 핑켈크로트는 엠마뉴엘 레비나스의 작품에 영향을 받아서 근대가 겪은 엄청난 집단 체험과 각 개인이 살아가면서 맺는 '타자'와의 관계에 대해서 계속해서 질문을 던진다. 이것은 철학임에 틀림없다. 그렇기는 하지만 구체적인 인물에 의해 이야기로 꾸민 철학이다. 이 책은 인간에 대한 인식의 수단으로 플로베르·제임스, 특히 프루스트를 다루며, 이들의 현존하는 문학작품에 의해 철학을 이야기로 꾸며 나간다.